COMMENTAIRE

SUR L'OUVRAGE

DE FILANGIERI.

DE L'IMPRIMERIE DE P. DIDOT L'AINÉ,
CHEVALIER DE L'ORDRE ROYAL DE SAINT-MICHEL,
IMPRIMEUR DU ROI.

COMMENTAIRE

SUR L'OUVRAGE

DE FILANGIERI

PAR

M. BENJAMIN CONSTANT.

A PARIS

CHEZ P. DUFART, LIBRAIRE,
QUAI VOLTAIRE, Nº 19.
M. DCCCXXII.

COMMENTAIRE

SUR L'OUVRAGE

DE FILANGIERI.

CHAPITRE PREMIER.

Plan de ce Commentaire.

LORSQUE je me suis déterminé à joindre un Commentaire à l'ouvrage de Filangieri, j'ai été décidé par deux considérations. Premièrement, j'ai trouvé du plaisir à rendre hommage à la mémoire d'un écrivain qui a bien mérité de son pays et de son siècle. En second lieu, les défauts mêmes de son ouvrage m'ont fourni l'occasion de rectifier ses idées quand elles étoient fausses; de les développer, quand elles manquoient d'étendue et de clarté; de les combattre enfin, lorsqu'elles n'étoient pas complétement d'accord avec les principes de cette liberté politique et sur-tout individuelle, que je considère comme le seul but des associations humaines, et à l'établissement de laquelle nous sommes destinés à parvenir, soit par des améliorations progressives et douces, soit par de terribles mais inévitables convulsions.

L'intention de Filangieri n'a jamais été de contrarier ces principes; mais l'époque de la publication de son livre et son caractère personnel, tout noble et désintéressé qu'il étoit, l'ont empêché parfois de marcher d'un pas assez ferme dans la route directe de la vérité.

L'on ne peut pas dire de lui comme de Montesquieu, qu'observateur ingénieux et profond de ce qui existoit, il a été souvent l'apologiste subtil de ce qu'il avoit observé. L'immortel auteur de l'*Esprit des lois* s'est montré fréquemment le partisan zélé des inégalités et des priviléges. Il regardoit ces choses, qu'un temps immémorial avoit consacrées, comme des parties constitutives de l'ordre social; et en sa qualité d'historiographe plus que de réformateur des institutions, il ne demandoit pas mieux que de les conserver en les décrivant. Cependant, son génie et l'amertume inhérente au génie lui dictoient quelquefois des mots qui foudroyoient les abus mêmes pour lesquels ses habitudes et sa position sociale lui inspiroient de la partialité et de l'indulgence. Filangieri, au contraire, plus dégagé que Montesquieu des préjugés nobiliaires, ne répugnoit point à se déclarer réformateur. De ce qu'une chose existoit, il n'en concluoit point qu'elle dût être respectée, et tous les abus seroient tombés, si sa volonté eût suffi pour les détruire. Mais Filangieri n'avoit pas le génie de Montesquieu. Une sorte de douceur ou de réserve dans le caractère l'entraînoit à des concessions contraires à ses principes, tandis que la véhémence inséparable de facultés puissantes forçoit Montesquieu, malgré sa modération, à prononcer des arrêts incompatibles avec ses concessions en faveur des systèmes établis. Il en résulte que Filangieri, après avoir pris la plume dans un but plus hostile contre les abus que Montesquieu, les a combattus en réalité beaucoup plus foiblement. Ses attaques sont devenues des transactions; il s'est efforcé plutôt de mitiger ce qui est mal que de l'extirper. Il y a dans son ouvrage une résignation humble et douloureuse, qui tend à fléchir le pouvoir qu'il n'espère pas désarmer. Peut-être avant la formidable révolution qui a ébranlé et menace encore le monde, cette résignation n'étoit-elle pas sans quelque mérite de prudence. Si les hommes avoient pu obtenir le redressement de leurs griefs par des raisonnements mêlés de prières, au lieu de les conquérir par des secousses qui ont froissé les vainqueurs comme les vaincus, les choses en auroient peut-être été beaucoup mieux. Mais aujourd'hui les frais sont faits, les sacrifices consommés de part et d'autre, et le langage de peuples libres, s'adressant à leurs fondés de pouvoir, ne sauroit être celui de sujets, ayant recours à la pitié de leurs maîtres.

L'on me trouvera donc fréquemment opposé à Filangieri, non quant au but, mais quant aux moyens. Pour rendre mon idée plus claire, je prends un exemple: Filangieri se montre convaincu à chaque page que les priviléges héréditaires sont oppressifs et funestes: mais c'est aux nobles qu'il propose le sacrifice de leurs prérogatives. C'est en les éclairant par des arguments, en les touchant par des supplications, en mettant sous leurs yeux le tableau du mal qu'ils causent et qui réjaillit sur eux, qu'il espère émouvoir leur ame. Il fonde le succès dont il se flatte sur leur générosité. Persuadé comme lui que l'inégalité nobiliaire est un fléau, ce n'est pas de ceux qui en profitent que j'attends la délivrance. Je l'attends des progrès de la raison, non dans une caste, mais dans la masse populaire où réside la force, et du sein de laquelle, par l'organe de ses mandataires, partent les réformes et les institutions conservatrices des réformes.

Cette différence entre la doctrine de Filangieri et la mienne s'applique à tout ce qui concerne le gouvernement en général. Le philosophe napolitain semble toujours vouloir confier à l'autorité le soin de s'imposer des limites. Ce soin appartient, selon moi, aux représentants des nations. Le temps est passé où l'on disoit qu'il falloit tout faire pour le peuple et non par le peuple. Le gouvernement représentatif n'est autre chose que l'admission du peuple à la participation des affaires publiques. C'est donc par lui que s'opère maintenant tout ce qui se fait pour lui. Les fonctions de l'autorité sont connues et définies. Ce n'est point d'elle que les améliorations doivent partir, c'est de l'opinion, qui, transmise à la masse populaire par la liberté dont sa manifestation doit être entourée, repasse de cette masse populaire à ceux qu'elle choisit pour organes; et monte ainsi dans les assemblées représentatives qui prononcent et dans les conseils des ministres qui exécutent.

Je crois avoir indiqué suffisamment en quoi le Commentaire s'écartera du texte. Ce que Filangieri veut obtenir du pouvoir en faveur de la liberté, je veux qu'une constitution l'impose au pouvoir. Les avantages qu'il sollicite de lui en faveur de l'industrie, l'industrie, à mon avis, doit le conquérir par sa seule indépendance. Il en est de même de la morale, de même des lumières. Là où Filangieri voit une grace, j'aperçois un droit; et par-tout où il implore la protection, c'est la liberté que je réclame.

Quant aux autres défauts qu'on peut reprocher à Filangieri, l'indulgence à cet égard est une justice.

L'on rencontre, il est vrai, dans cet écrivain beaucoup de maximes qui paroissent aujourd'hui triviales. Mais elles avoient en 1780, sinon le mérite d'être neuves, du moins celui d'être très bonnes à répéter; car l'autorité, qui les dédaignoit déja comme des lieux communs, les traitoit encore comme des paradoxes.

Filangieri se livre souvent à l'emphase et à la déclamation; mais il écrivoit en présence des abus, et l'on doit pardonner un peu de prolixité à une indignation consciencieuse. C'étoit d'ailleurs beaucoup plutôt un citoyen bien intentionné qu'un homme d'un esprit vaste. Révolté des maux de l'espèce humaine, et frappé de l'absurdité de quelques unes des institutions qui causoient ces maux, il paroît avoir pris la plume bien plus en philanthrope qu'en écrivain entraîné par son talent. Il n'a ni la profondeur de Montesquieu, ni la perspicacité de Smith, ni l'originalité de Bentham. Il ne découvre rien par lui-même, il consulte ses devanciers, recueille leurs pensées, choisit les plus favorables au bien-être du grand nombre dont il n'établit les droits que d'une manière très mitigée, et range les matériaux réunis de la sorte dans l'ordre qui lui semble le plus convenable. Cet ordre même n'est pas toujours le plus naturel ou le meilleur. Filangieri consume un temps inutile à démontrer ce dont personne ne doute; il consacre des pages entières à exciter dans l'ame du lecteur des sentiments d'enthousiasme ou d'indignation que l'auteur de l'*Esprit des lois* produit en deux lignes. Mais on retrouve même dans les écarts du publiciste de Naples la conscience et l'amour du bien; et comme, au moment de la publication de son livre, l'opinion se dirigeoit du côté des améliorations et reconnoissoit la nécessité de limiter le despotisme, c'est toujours en faveur des améliorations et en l'honneur de la liberté que Filangieri divague ou déclame.

Il résulte de ce caractère de Filangieri (et j'emprunte cette observation de la préface de son traducteur), que sa raison ne s'élève guère au-dessus de la raison publique, telle qu'elle étoit il y a quarante ans: et certes la raison publique d'alors étoit fort au-dessous de celle que trente ans de luttes, de révolutions, et d'expérience ont formée: mais cette médiocrité de raison, si l'expression m'est permise, est selon moi le principal avantage que l'ouvrage de Filangieri puisse avoir pour nous. Nous y trouvons le moyen de nous assurer des progrès de l'espèce humaine en législation et en politique depuis près d'un demi-siécle, et de comparer les principes admis autrefois sur ces matières par des hommes fort éclairés, avec ceux qui sont maintenant l'objet de notre examen et de nos contestations quotidiennes. Si cette comparaison nous conduit d'une part à rejeter des exagérations, fruit de l'inexpérience, et qui rendent les meilleures théories inappliquables, et si de l'autre elle nous préserve de retomber, par une impulsion retrograde, sous le joug de préjugés dont nos prédécesseurs s'étoient affranchis, le travail auquel Filangieri aura servi d'occasion plutôt que de guide, ne sera point, je le pense, sans utilité.

D'après le compte que je viens de rendre du plan de ce commentaire, l'on voit que j'avois le choix ou de suivre le fil de mes propres idées, en rappelant celles de Filangieri, ou de subordonner mon travail au sien, en adoptant l'ordre des matières, tel qu'il se trouve dans son ouvrage.

Ce dernier parti m'a paru préférable, bien qu'il m'ait forcé de morceler souvent ce que j'aurois voulu réunir. Mais le lecteur sera plus à portée de rapprocher le commentaire du texte, et de prononcer, quand il y aura dissentiment entre Filangieri et son commentateur.

CHAPITRE II.

D'une épigramme de Filangieri contre les perfectionnements dans l'art de la guerre.

« Tous les calculs qui ont si long-temps agité les conseils des « princes, n'ont eu pour but que la solution de ce pro- « blème : Quelle est la manière de tuer la plus grande « quantité d'hommes dans le moins de temps possible ? »
Introduction, p. 1.

Pour peu qu'on lise Filangieri avec quelque attention, l'on remarque en lui plusieurs défauts dont nos écrivains du dix-huitième siècle lui avoient donné l'exemple. L'un des plus frappants étoit un besoin de faire effet qui les engageoit à rechercher des tournures inattendues, pour se donner l'air de la hardiesse et de la nouveauté. La définition du problème que les souverains de l'Europe ont cherché à résoudre, dans leurs perfectionnements de l'art de la guerre, est entaché de ce vice à un haut degré. Certes, il y avoit beaucoup de choses à dire, sur la manie guerrière des princes, et sur les garanties à opposer à cette manie. Mais une épigramme qui porte à faux étoit assurément le plus mauvais début qu'on pût inventer. C'étoit décréditer d'avance l'examen d'une question importante, en laissant présumer qu'on ne l'aborderoit qu'avec de l'exagération, des lieux communs et des plaisanteries.

Voici, ce me semble, la série d'idées que l'auteur italien auroit dû suivre à cet égard.

Il y a des époques de la société où la guerre est dans la nature de l'homme, et au nombre des nécessités des peuples. Alors, tout ce qui peut rendre les guerres terribles et par-là même moins prolongées est bon et utile. En conséquence, lorsqu'à une pareille époque, le gouvernement s'occupe à découvrir *quelle est la manière de tuer la plus grande quantité d'ennemis dans le moins de temps possible*, ce gouvernement se livre à une recherche salutaire, l'état de choses étant donné. Car, dès qu'il est indispensable de tuer des ennemis, il vaut mieux en tuer tout de suite plus que moins, pour n'avoir pas à y revenir, et il seroit desirable de trouver un moyen sûr de tuer aujourd'hui ceux que tout de même on sera forcé de tuer demain.

Mais il y a aussi des époques de la société où, la civilisation ayant créé pour l'homme de nouveaux rapports avec ses semblables, et par-là une nouvelle nature, la guerre n'est plus une nécessité des nations. Alors ce n'est point à rendre la guerre moins meurtrière, c'est à mettre obstacle à toute guerre inutile qu'il faut s'appliquer.

Maintenant la question est de savoir à laquelle de ces époques nous sommes. Or, il est évident que nous nous trouvons arrivés à la seconde (1).

Pourquoi les peuples de l'antiquité étoient-ils guerriers? C'est que, divisés en petites peuplades, ils se disputoient à main armée un territoire resserré : c'est que, poussés par la nécessité les uns contre

(1) J'ai développé ces idées dans mon ouvrage sur l'*Esprit de conquête*; je ne fais ici que les rappeler.

les autres, ils se combattoient ou se menaçoient sans cesse : c'est que ceux mêmes qui ne vouloient pas être conquérants ne pouvoient néanmoins déposer le glaive, sous peine d'être conquis. C'est que tous achetoient leur sûreté, leur indépendance, leur existence entière au prix de la guerre.

Le monde de nos jours est précisément sous ce rapport, l'opposé du monde ancien.

Tandis que chaque peuple autrefois formoit une famille isolée, ennemie née des autres familles, une masse d'hommes existe maintenant sous différents noms et sous divers modes d'organisation sociale, mais homogène par sa nature. Elle est assez forte pour n'avoir rien à craindre des hordes encore barbares ; elle est assez civilisée pour que la guerre lui soit à charge. Sa tendance uniforme est vers la paix.

Nous sommes arrivés à l'époque du commerce, époque qui doit nécessairement remplacer celle de la guerre, comme celle de la guerre a dû nécessairement la précéder.

Ce n'est pas ici le moment de développer toutes les conséquences de ce changement qui, ainsi que je l'ai dit tout-à-l'heure, a donné à l'homme une nature nouvelle. Je reviendrai plus tard sur ces conséquences. Il me suffit d'avoir posé le principe.

L'époque de la guerre étant passée pour les peuples modernes, il est évident que le devoir des gouvernements est de s'en abstenir.

Mais pour que les gouvernements ne s'écartent pas de ce devoir, ce n'est pas à eux qu'il faut s'en fier.

Dans tous les temps la guerre sera, pour les gouvernements, un moyen d'accroître leur autorité. Elle sera pour les despotes une distraction qu'ils jetteront à leurs esclaves, afin que ceux-ci s'aperçoivent moins de leur esclavage. Elle sera, pour les favoris des despotes, une diversion à laquelle ils auront recours pour empêcher leurs maîtres de pénétrer dans les détails de leur administration vexatoire. Elle sera, pour les démagogues, un mode d'enflammer les passions de la multitude, et de la précipiter dans des extrémités qui favoriseront leurs conseils violents ou leurs vues intéressées.

Il résulte de là que si on laisse les gouvernements, et sous la désignation de gouvernements je comprends tous ceux qui s'emparent du pouvoir, les démagogues comme les ministres, si, dis-je, on laisse les gouvernements libres de commencer ou de prolonger les guerres, le bénéfice que les peuples devroient recueillir des progrès de la civilisation sera perdu pour eux, et les guerres continueront, longtemps après que l'époque de leur nécessité n'existera plus.

C'est donc en sortant la question de la guerre de l'arbitraire des gouvernants que nous parviendrons à en préserver les gouvernés. Or, comment sortir cette question de l'arbitraire des gouvernants? par une constitution représentative d'après laquelle les mandataires de la nation aient le droit de refuser à l'autorité les moyens d'entreprendre ou de continuer les guerres inutiles, et celui de soumettre à une grave et inévitable responsabilité les dépositaires de la puissance qui se permettroient de telles entreprises.

Ceci ne préjuge rien sur la question proprement dite du droit de paix et de guerre, telle qu'elle a été discutée dans nos assemblées et telle que notre charte actuelle la décide. Que le monarque constitutionnel ait la prérogative, dans des circonstances urgentes, de déclarer la guerre, à la bonne heure; c'est une pure forme, pourvu que les fonds indispensables pour la soutenir puissent être refusés à ses ministres, et que ces ministres soient responsables de la déclaration qu'ils ont suggérée au roi.

L'on voit que dans cette question déja (et il en sera de même de beaucoup d'autres) la solution de la difficulté dépend de l'établissement des garanties constitutionnelles. Filangieri ne fait que l'obscurcir par une épigramme déplacée. Si la guerre étoit nécessaire, le gouvernement auroit raison *de vouloir tuer la plus grande quantité d'ennemis dans le moins de temps possible.* Dès qu'elle est inutile, il est criminel de l'entreprendre. Le nombre des morts et les instruments de destruction n'y font rien.

CHAPITRE III.

Des encouragements pour l'agriculture.

« On n'a pas songé à donner une récompense au cultivateur « intelligent. »

Introduction, p. 1.

Nous apercevons déja ici un symptôme du système erroné de Filangieri, relativement à l'influence de la protection des gouvernements. Comme il y revient sans cesse dans son ouvrage, je vais saisir cette première occasion pour le refuter. Mais je dois remonter à l'origine de son erreur qui a été celle de beaucoup d'hommes éclairés du dix-huitième siècle.

Lorsque les philosophes de cette époque commencèrent à s'occuper des principales questions de l'organisation sociale, ils furent frappés des maux produits par les vexations et les mesures ineptes de l'autorité. Mais novices dans la science, ils pensèrent qu'un usage différent de cette même autorité feroit autant de bien que son usage vicieux avoit causé de mal. Ils ne sentirent point que le vice étoit dans son intervention même, et que, loin de la solliciter d'agir autrement qu'elle n'agissoit, il falloit la supplier de ne point agir. En conséquence vous les voyez appeler le gouvernement au secours de toutes les réformes qu'ils proposent : agriculture, industrie, commerce, lumières, religion, éducation, morale, ils lui soumettent tout, à condition qu'il se conduira d'après leurs vues.

Le siècle dernier compte très peu d'écrivains qui ne soient pas tombés dans cette méprise. Turgot, Mirabeau et Condorcet en France, Dohm et Mauvillon en Allemagne, Thomas Payne et Bentham en Angleterre, Franklin en Amérique, telle est à-peu-près la liste de ceux qui ont senti que, pour tous les progrès comme pour tous les besoins, pour la prospérité de tous les états comme pour le succès de toutes les spéculations, pour la quotité des productions comme pour leur équilibre, il falloit s'en remettre à la liberté, à l'intérêt individuel, à l'activité qu'inspirent à l'homme l'exercice de ses propres facultés et l'absence de toute entrave. Les autres ont préféré la protection à l'indépendance, les encouragements aux garanties, les bienfaits à la neutralité.

Les économistes eux-mêmes ont eu ce tort, pour la plupart. Ils étoient cependant d'autant plus inexcusables que leur maxime fondamentale sembloit devoir les en préserver.

Laisser faire et laisser passer étoit leur devise : mais ils ne l'appliquèrent guère qu'aux prohibitions. Les encouragements les séduisirent. Ils ne virent pas que les prohibitions et les encouragements ne sont que deux branches d'un même système et que tant qu'on admet les uns, l'on est menacé par les autres.

L'agriculture étoit de toutes les professions celle que les économistes desiroient le plus tirer de l'état d'avilissement dans lequel elle étoit plongée. Leur axiome favori, celui que la terre est la seule source des richesses, leur faisoit attacher une importance extrême au travail qui la féconde : une indignation juste et légitime s'emparoit d'eux, lorsqu'ils envisageoient l'oppression qui accabloit la classe la plus indispensable à leurs yeux et la plus laborieuse.

De là leurs projets chimériques pour relever cette classe, pour l'entourer de considération, d'illustration même.

L'idée d'accorder des récompenses au *cultivateur intelligent qui, par son travail ou par des procédés nouveaux, auroit trouvé le moyen d'accroître la richesse publique,* n'appartient donc point à Filangieri. Il a pu l'emprunter des économistes, du marquis de Mirabeau, par exemple, l'auteur de *l'Ami des hommes :* mais il paroît s'être particulièrement attaché à cette idée. Il y revient, avec plus d'insistance et plus de détails, dans une autre partie de son ouvrage (liv. II, chap. XV), et enchérissant sur sa proposition première, il veut qu'indépendamment des encouragements pécuniaires, l'on institue un ordre qui soit porté par le souverain même et dont les agriculteurs les plus habiles soient décorés.

Si l'on considère à quelle époque Filangieri proposoit ces expédients puérils et bizarres, on en concevra l'absurdité.

C'étoit dans un temps où la classe agricole étoit soumise à des lois et payoit des impôts qu'aucun représentant nommé par elle n'avoit discutés ni consentis : dans un temps où, sans organes pour réclamer, sans moyens pour se défendre, elle subissoit en silence la partialité de ces lois, l'inégalité de ces impôts : dans un temps où des servitudes de tout genre pesoient sur elle, interrompoient son travail, troubloient son repos : dans un temps enfin où, placée au plus bas échelon de la hiérarchie sociale, elle supportoit en dernier ressort le poids des charges sociales : car chacune des autres classes repoussoit le fardeau plus bas pour s'en exempter.

Ajoutez à ces malheurs pour ainsi dire légaux, les oppressions accidentelles qui résultoient de l'isolement de cette classe agricole, de sa pauvreté, de sa position désarmée, l'immense intervalle qui la séparoit du pouvoir suprême et condamnoit ses gémissements à s'évaporer dans les airs, l'insolence des pouvoirs intermédiaires qui interceptoient ses réclamations, la facilité d'opprimer contre les lois ou d'après les lois des hommes également ignorants de leurs protections ou de leurs menaces, la rapacité du fisc qu'épuisoient les riches et qui devoit se dédommager aux dépens du pauvre, l'arbitraire d'autant plus effréné qu'il s'exerçoit en détail sur des victimes obscures, et qu'il étoit disséminé entre une foule d'agents subalternes, visirs de village, poursuivant dans l'ombre leurs vexations.

Et c'étoit dans un tel état de choses, et comme remède à un tel état de choses, que Filangieri proposoit des encouragements pour l'agriculture et des distinctions pour les agriculteurs. Mais l'agriculture étoit frappée dans son principe. Les moyens de reproduction lui étoient enlevés. Les agriculteurs étoient des ilotes, frustrés de tous les droits, chargés de tous les labeurs, condamnés à toutes les privations. L'autorité même avec des intentions bienfaisantes, ne pouvoit guérir cette plaie incurable. La nature est plus forte que l'autorité, et la nature veut que toute cause amène son effet, que tout arbre produise son fruit. Tous les projets philanthropiques sont des chimères, quand une liberté constitutionnelle ne leur sert pas de base. Ces projets peuvent servir de texte aux amplifications oratoires d'honnêtes déclamateurs. Ils peuvent offrir à des ministres adroits le moyen d'occuper d'une manière neuve et piquante les loisirs de leur maître. Ils peuvent, en trompant ce maître, apaiser ses remords, si le spectacle de la misère publique fait naître en lui quelques remords. Mais ni la classe agricole ni l'agriculture ne profitent en rien de tous ces palliatifs impuissants.

L'état de la classe agricole sera déplorable, partout où cette classe n'aura pas en elle-même, c'est-à-dire par des organes que son choix identifie avec elle, une certitude de redressement public et légal. L'état de la classe agricole étoit déplorable en France avant la révolution. J'en atteste la taille, la corvée, la milice, les vingtièmes, les capitations, les aides, la dixme, la main-morte, les lods et ventes, le trop bu, et toutes ces charges innombrables, tant pécuniaires que personnelles, dont les noms divers et bizarres rempliroient inutilement des pages entières. J'en atteste les exemptions non moins nombreuses, si scandaleusement réclamées et si facilement obtenues par les classes élevées, comme si leurs devoirs envers la société eussent été en raison inverse des avantages que la société leur garantissoit. J'en atteste les terres appauvries et mal cultivées, limitrophes des parcs somptueux, et les huttes couvertes de chaume, qui environnoient des châteaux superbes, protestations silentieuses, mais qui ont fini par n'être que trop énergiques contre un pareil ordre social.

Filangieri et les publicistes qui l'ont suivi auroient dû se pénétrer de ces vérités. Au lieu de rêver des encouragements partiels, des distinctions vaines jetées nécessairement au hasard du haut du trône, et distribuées suivant le caprice d'agents infidèles, ils auroient dû réclamer les garanties que tout pays doit au citoyen qui l'habite, les garanties sans lesquelles tous les gouvernements sont illégitimes.

Avec ces garanties, l'agriculture, aussi-bien que tout autre genre d'industrie, se passera facilement de la protection du pouvoir. Il est fort inutile que l'autorité se mêle d'encourager ce qui est nécessaire. Il lui suffit de ne pas l'entraver. La nécessité sera obéie. Lorsqu'il n'y a point, de la part du gouvernement, une action vicieuse, les productions sont toujours dans une proportion parfaite avec les demandes. J'excepte les cas imprévus, les calamités soudaines, qui, du reste, sont assez rares, quand on laisse faire la nature, mais que les gouvernements, par leurs fausses mesures, créent plus souvent qu'on ne le pense. J'en parlerai dans une autre partie de ce Commentaire. Dans l'ordre habituel des choses, ce n'est pas d'encouragement, c'est de sécurité que l'agriculture a besoin. Or la sécurité ne se trouve que dans de bonnes institutions constitutionnelles. Quand la personne de l'agriculteur peut être enlevée, parcequ'il a pour voisin un délateur, ou pour ennemi quelque valet d'un homme puissant; quand le fruit de son travail peut être grevé d'impositions excessives, parceque tel propriétaire, riche ou noble, se fait exempter; quand ses enfants, utiles associés de ses opérations journalières, lui sont arrachés pour aller périr dans des guerres lointaines, pensez-vous qu'inquiet sur le présent, alarmé sur l'avenir, il persévère à se consumer en efforts dont le bénéfice peut lui être ravi? C'est vous qui portez dans son ame le désespoir et l'abattement, et vous prétendez ensuite l'encourager. Vous vexez, vous opprimez, vous ruinez la classe entière, et vous imaginez qu'une légère aumône, ou, ce qui est plus ridicule, une décoration inventée par vous, et conférée dédaigneusement à quelque individu que vos agents protégent, ranimera cette classe appauvrie et spoliée. Votre ineptie ou votre despotisme ont frappé le sol de stérilité; et vous croyez que vos faveurs, comme la présence du soleil, lui rendront sa fécondité première. Vous vous montrez, vous souriez, vous distribuez je ne sais quelles distinctions vaines et illusoires, et le travail, à vous entendre, va se tenir honoré pour des siécles! Étrange arrogance! Charlatanisme grossier, auquel se laissoient prendre autrefois quelques rêveurs honnêtes, mais qui, grace au ciel, est chaque jour plus décrédité. L'empereur de la Chine daigne aussi de ses mains impériales conduire une charrue, et tracer un sillon, dans un jour de fête. Cela n'empêche pas que la Chine ne soit sans cesse en proie à la famine, et que les parents n'exposent sur les rivières les enfants qu'ils sont hors d'état de nourrir. C'est que la Chine est un état despotique, et que, lorsque les cultivateurs sont soumis au bâton toute l'année, l'honneur qu'on croit leur faire une fois par an ne les dédommage ni ne les console.

Je serai forcé de revenir à plus d'une reprise sur le système des encouragements quand Filangieri traitera de l'industrie. J'ajourne en conséquence d'autres développements qui prouveront que même sous le rapport de la morale ce système est nuisible.

CHAPITRE IV.

De la conversion des princes au système pacifique.

« Le cri de la raison est enfin parvenu jusqu'aux trônes : les « princes ont commencé de sentir... que la source véritable de la grandeur n'est pas dans la force et dans les « armes. »

Introduction, p. 2.

Est-il bien vrai que ce soit parceque la raison est parvenue jusqu'aux trônes, que les princes ont enfin senti qu'ils devoient plus de respect à la vie des hommes, et que la véritable grandeur n'étoit pas dans la force et dans les armes? Je ne demanderois pas mieux que d'adopter cette conviction flatteuse ; mais je ne puis me défendre de certains scrupules. Je me transporte au moment où Filangieri écrivoit ces lignes ; et je jette mes yeux sur un espace de quarante années. Je vois la guerre de sept ans finie, mais bientôt commence celle d'Amérique. Pendant la guerre d'Amérique, Joseph II menace la Prusse et attaque les Turcs. La Suède s'élance assez follement contre la Russie. La Pologne est partagée ; et s'il n'en résulte pas de guerre, c'est que les co-partageants se mettent trois contre un. Enfin les rois de l'Europe se coalisent contre la France qui veut se donner un gouvernement libre : après dix ans de combats acharnés, ils sont vaincus ; mais alors le gouvernement de la France abjure la modération et la justice, et durant dix autres années l'espace qui sépare Lisbonne de Moscou et Hambourg de Naples est derechef inondé de sang. Sont-ce là des preuves bien satisfaisantes de l'empire de la raison?

Il y a néanmoins, dans l'assertion de Filangieri, un fonds de vérité qu'il défigure par des compliments bien intentionnés, mais peu mérités par la puissance.

Ainsi que je l'ai observé précédemment (ch. II), le système guerrier est en contradiction avec l'état actuel de l'espèce humaine. L'époque du commerce est arrivée; et plus la tendance commerciale domine, plus la tendance guerrière doit s'affoiblir.

La guerre et le commerce ne sont que deux moyens différents d'arriver au même but, celui de posséder ce que l'on desire. Le commerce n'est autre chose qu'un hommage rendu à la force du possesseur par l'aspirant à la possession. C'est une tentative pour obtenir de gré à gré ce que l'on n'espère plus conquérir par la violence. Un homme qui seroit toujours le plus fort n'auroit jamais l'idée du commerce. C'est l'expérience qui, en lui prouvant que la guerre, c'est-à-dire l'emploi de sa force contre la force d'autrui, est exposée à diverses résistances et à divers échecs, le porte à recourir au commerce, c'est-à-dire à un moyen plus doux et plus sûr d'engager l'intérêt des autres à consentir à ce qui convient à son intérêt.

La guerre est donc antérieure au commerce: l'une est l'impulsion d'un desir sans expérience, l'autre le calcul d'un desir éclairé. Le commerce doit donc remplacer la guerre; mais en la remplaçant il la décrédite, et la rend odieuse aux nations.

C'est ce qu'on remarque de nos jours.

Le but unique des nations modernes, c'est le repos, avec le repos l'aisance, et comme source de l'aisance, l'industrie. La guerre est chaque jour un moyen plus inefficace d'atteindre ce but. Ses chances n'offrent plus, ni aux individus ni aux peuples, des bénéfices qui égalent les résultats du travail paisible et des échanges réguliers. Chez les anciens une guerre heureuse ajoutoit, en esclaves, en tributs, en terres partagées, à la richesse publique et particulière des vainqueurs; chez les modernes une guerre heureuse coûte infailliblement plus qu'elle ne rapporte.

La situation des peuples modernes les empêche donc d'être belliqueux par intérêt; et des raisons de détail, mais toujours tirées des progrès de l'espèce humaine, et par conséquent de la différence des époques, viennent se joindre aux causes générales, pour empêcher aussi les nations de nos jours d'être guerrières par inclination.

La nouvelle manière de combattre, le changement des armes, l'artillerie, ont dépouillé la vie militaire de ce qu'elle avoit de plus attrayant. Il n'y a plus de lutte contre le péril: il n'y a que de la fatalité. Le courage doit s'empreindre de résignation ou se composer d'insouciance. On ne goûte plus cette jouissance de volonté, d'action, de développement des forces physiques et des facultés morales, qui faisoit aimer aux héros anciens, aux chevaliers du moyen âge, les combats corps à corps. La guerre a donc perdu son charme comme son utilité.

Il en résulte qu'un gouvernement qui parleroit aujourd'hui de la gloire militaire, et par conséquent de la guerre comme but, méconnoîtroit l'esprit des nations et celui de l'époque. Le fils de Philippe n'oseroit plus proposer à ses sujets l'envahissement de l'univers, et le discours de Pyrrhus à Cynéas sembleroit le comble de l'insolence ou de la folie (1).

Les gouvernements, qui reconnoissent les vérités le plus tard qu'ils peuvent, mais qui, malgré tous leurs efforts, ne sauroient s'en préserver éternellement, ont remarqué le changement qui s'est opéré dans la disposition des peuples. Ils lui rendent hommage dans leurs actes publics et dans leurs discours; ils évitent d'avouer ouvertement l'amour des conquêtes, et ce n'est jamais qu'en soupirant qu'ils prennent les armes. Sous ce rapport, ainsi que Filangieri l'observe, la raison s'est fait jour jusqu'aux trônes: mais en forçant le pouvoir à varier son langage, a-t-elle, comme le philosophe italien se plaît à l'espérer, éclairé l'esprit ou converti le cœur de ceux que le hasard a investis de l'autorité?

J'ai le regret de ne pas le croire; car je ne vois point dans leur conduite plus d'amour de la paix: j'aperçois seulement plus d'hypocrisie.

Quand Frédéric attaquoit l'Autriche pour s'emparer de la Silésie, il ne vouloit, disoit-il, que faire

---

(1) De l'Esprit de conquête, chap. I.

valoir d'anciens droits pour donner à son royaume une étendue convenable ; quand l'Angleterre s'épuisoit d'hommes et de trésors pour subjuguer l'Amérique, elle n'aspiroit qu'à ramener sous les lois protectrices de la métropole des enfants égarés ; quand elle porte la dévastation dans l'Inde, elle n'entend que veiller aux intérêts et assurer la prospérité de son commerce ; quand trois puissances coalisées morceloient la Pologne, elles n'avoient en vue que de rendre aux Polonois agités la tranquillité que troubloient leurs luttes intestines ; quand ces mêmes puissances envahissoient la France devenue libre, c'étoient les trônes ébranlés qu'elles se proposoient de consolider ; quand aujourd'hui elles écrasent l'Italie et menacent l'Espagne, c'est l'ordre social qui réclame leur intervention. Dans tout cela, le mot de *conquêtes* n'est pas prononcé. Mais le sang des peuples en est-il moins prêt à couler? Que leur importe sous quel prétexte on le verse! Le prétexte même n'est au fond qu'une dérision de plus.

Il ne faut donc point, comme le trop confiant Filangieri nous y invite, nous en remettre à l'influence de la raison sur les trônes et à la sagesse des princes, pour préserver le monde du fléau des guerres injustes ou inutiles. Il faut que la sagesse des nations s'en mêle. J'ai dit dans le chap. II de quelle manière elle doit s'en mêler.

CHAPITRE V.

De la révolution salutaire que Filangieri prévoyoit.

« Une fermentation salutaire va faire éclore le bonheur « public. »

Introduction, p. 11.

Si l'on ne jugeoit que sur les apparences, l'on ne pourroit se défendre d'un sentiment de tristesse et de pitié pour l'espèce humaine, en comparant l'avenir que Filangieri lui promet ici avec l'état dans lequel se trouvent aujourd'hui presque tous les peuples de l'Europe. Qu'est devenu ce desir d'amélioration et de réforme qui animoit les classes supérieures des sociétés? Où est cette liberté de la presse qui honoroit à-la-fois les princes qui ne la redoutoient pas et les écrivains qui en faisoient usage? Cette superstition dont le publiciste napolitain célèbre la défaite, n'est-elle pas l'objet des regrets de tous les dépositaires du pouvoir? Inhabiles à la reproduire, telle qu'elle existoit autrefois, aveugle et cruelle, mais sincère, ne s'efforcent-ils pas de la remplacer par des démonstrations de commande et une intolérance de calcul, non moins funeste et bien moins excusable? Ne voyons-nous pas l'hypocrisie s'appliquant par-tout à reconstruire ce que les lumières avoient renversé? Ne pose-t-on pas dans tous les pays des pierres d'attente pour le fanatisme?

Qu'importe que les prétentions spirituelles aient plié sous l'autorité politique, si cette autorité se fait de la religion un instrument et agit ainsi contre la liberté avec une double force? Que nous sert d'avoir dépouillé l'oppression nobiliaire de son ancien nom de féodalité, si elle reparoît aussi exigeante et plus astucieuse sous une dénomination nouvelle? si la domination échappée aux seigneurs féodaux doit revenir aux grands propriétaires, qui sont pour la plupart les seigneurs féodaux des temps passés? si la grande propriété, inaliénable par les substitutions, et toujours croissante par cela seul qu'elle est inaliénable, reconstruit l'oligarchie? Enfin, de même que la féodalité cherche à reparoître sous une appellation moins effrayante, le despotisme que les mœurs avoient adouci n'abjure-t-il pas ses démonstrations philanthropiques? n'a-t-il pas déja remplacé l'axiome suranné du droit divin par une terminologie qui n'a que l'avantage d'être plus abstraite, et ne s'en prévaut-il pas également pour interdire aux peuples tout examen des lois et toute résistance à l'arbitraire?

Toutefois cette affligeante comparaison de ce qui a eu lieu avec ce que nous avions le droit d'espérer, ne doit point nous conduire au découragement. Le désappointement momentané étoit dans la nature des choses: le succès définitif y est aussi.

Quand les principes de la justice et de la liberté sont proclamés par les philosophes, il arrive souvent que les classes qu'on appelle supérieures s'y rallient, parceque les conséquences de ces principes, reléguées encore dans un lointain obscur, n'excitent point d'ombrages. L'on auroit tort d'en conclure que ces classes persévèreront à vouloir le système qu'elles semblent, et je dirai plus, qu'elles croient alors adopter. Il y a dans le cœur de l'homme un besoin d'approbation auquel se laisse entraîner le pouvoir lui-même, quand il se flatte qu'il ne lui en coûtera, pour le satisfaire, aucun sacrifice réel. Il s'ensuit que lorsque l'opinion s'élève avec force contre le despotisme, l'orgueil nobiliaire, ou l'intolérance religieuse, les rois, les nobles et les prêtres cherchent à plaire à cette opinion, et les privilégiés de diverses espèces font ostensiblement cause commune avec la masse des nations contre leurs propres prérogatives. Quelquefois même ils sont sincères dans l'abnégation qu'ils manifestent. Comme ils conquièrent les applaudissements en répétant des axiomes dont l'application ne s'annonce nullement comme prochaine, l'enivrement de leurs paroles leur cause des émotions désintéressées, et ils s'imaginent que, le cas échéant, toujours avec la conviction qu'il n'écherra pas, ils seroient prêts à faire tout ce qu'ils disent.

Mais quand le moment de la réalité arrive, leur intérêt vient demander compte à leur amour-propre des engagements qu'il a contractés. Cet amour-propre les avoit rendus faciles pour la théorie, cet intérêt les rend furieux contre la pratique. Ils vantoient les réformes à condition qu'elles ne s'opèreroient point, pareils à des gens qui célèbreroient l'astre du jour, pourvu que la nuit durât sans cesse : et en effet l'aurore a paru, et presque tous ceux qui l'aient invoquée se sont déclarés contre elle, et tous s présages d'amélioration dont Filangieri nous offe l'énumération pompeuse ont fui comme de vaies lueurs.

Ce mouvement retrograde étoit, comme on voit, évitable : et ce mouvement rétrograde nous déontre une vérité très importante : c'est que les rérmes qui viennent d'en haut sont toujours trompeuses. Si l'intérêt n'est pas le mobile de tous les dividus, parcequ'il y a des individus que leur nare plus noble éléve au-dessus des conceptions roites de l'égoïsme, l'intérêt est le mobile de toutes s classes. On ne peut jamais rien attendre d'efficace ou de complet d'une classe qui paroît agir ntre son intérêt : elle aura beau l'abjurer momennément, elle y sera toujours ramenée ; et dès que nstant sera venu de consommer sans retour le saifice, elle reculera, faisant valoir des restrictions, s réserves, dont elle ne se doutoit pas elle-même milieu de ses protestations d'abnégation et de évouement.

C'est ce dont nous sommes aujourd'hui témoins. onarchie absolue, clergé, noblesse, chacun veut ssaisir les prérogatives abdiquées, accusant le peue d'usurpation pour avoir accepté ce qui lui étoit ffert, et criant à l'injustice et à la surprise avec une ïveté précieuse, uniquement parcequ'on l'a pris mot.

Mais infèrerons-nous de ces efforts tardifs que os espérances sont pour jamais trompées et la cause e l'humanité perdue sans appel? Bien au contraire.

Nous devons rendre grace à l'enthousiasme éphémère ou aux imprudences vaniteuses des diverses classes de privilégiés. Elles ont popularisé les principes contre lesquels maintenant elles conspirent. Pour déclarer la guerre aux institutions qui les oppriment, les nations ont souvent besoin de chefs pris dans les classes qui profitent de ces institutions. Trop d'abaissement ôte le courage, et ceux qui gagnent aux abus sont quelquefois les seuls capables de les attaquer. Ces chefs réunissent l'armée populaire; ils la disciplinent; ils l'éclairent. Heureux quand ils lui restent fidèles! Mais s'ils désertent, l'armée n'en est pas moins sur pied. Elle remplace facilement les apostats qui l'abandonnent par des hommes tirés de son sein et plus identifiés à sa cause. La victoire, ajournée peut-être, en devient plus certaine et plus complète, parcequ'il n'y a plus parmi les vainqueurs d'intérêts étrangers qui ralentissent la marche ou qui faussent le but.

Ne craignons donc rien des coalitions momentanées, des déclamations de circonstance, des déploiements de force présentés avec ostentation pour nous frapper d'effroi. On ne se pare pas impunément des couleurs philosophiques; le despotisme, l'orgueil nobiliaire, le pouvoir sacerdotal, tous ont voulu en avoir l'honneur: il faut qu'ils en supportent les frais. Ces frais peuvent être diminués par une résignation raisonnable: ils peuvent être cruellement accrus par la résistance. Mais le sort de l'espéce humaine est décidé: le régne du privilége est fini.

La tyrannie n'est redoutable, dit un auteur anglois, que lorsqu'elle étouffe la raison dans son enfance. Elle peut alors arrêter ses progrès et retenir les hommes dans une longue imbécillité. Mais il n'existe qu'un seul moment pour proscrire avec fruit cette raison toute-puissante. Ce moment passé, tous les efforts sont vains; la lutte est engagée, la vérité se fait jour dans tous les esprits : l'opinion se sépare de la puissance; et la puissance, repoussée par l'opinion, ressemble à ces corps frappés de la foudre, que le contact de l'air réduit en poussière.

CHAPITRE VI.

De l'union de la politique et de la législation.

« Il est bien étonnant que, dans ce grand nombre d'écrivains « qui se sont consacrés à l'étude des lois... chacun n'ait « considéré qu'une partie de cet immense édifice. »

Introduction, p. 12.

Cette phrase de Filangieri contient le germe d'une grande vérité: mais il me paroît ne l'avoir ni suffisamment sentie, ni développée suffisamment. S'il blâme les écrivains qui ont traité la législation à part de la politique, c'est plutôt sous le rapport littéraire, comme n'ayant pas su embrasser l'ensemble de leur sujet, que sous le rapport beaucoup plus sérieux de l'erreur dangereuse qu'ils accréditoient, erreur d'autant plus essentielle à combattre, que les gouvernements aussi l'accréditent de tout leur pouvoir. Ils voudroient persuader aux peuples que de bonnes lois, propres à maintenir l'ordre entre les individus, sont tout ce qu'il faut pour la sûreté et la prospérité générales, sans qu'il soit besoin de recourir à des institutions constitutionnelles qui elles-mêmes protégent ces lois. C'est prétendre que les fondements d'un édifice ne sont pas nécessaires à sa stabilité. La législation séparée de la politique n'offre aux gouvernés aucun abri, et n'oppose aux gouvernants aucune barrière. Il n'existe, hors des garanties politiques, aucun moyen d'empêcher les dépositaires de l'autorité de violer les lois qu'ils ont établies. Aussi les despotes les plus jaloux de leur domination absolue ne se sont pas fait faute de donner à leurs esclaves des codes merveilleux, assurés qu'ils étoient que ces codes n'auroient de valeur que celle que tolèreroit la volonté du maître. Deux pages d'un livre, deux mots à une tribune, sont de meilleures sauvegardes, non seulement pour la liberté, mais pour la justice, pour cette justice dont chaque individu a besoin tous les jours, que les codes les mieux rédigés, les plus parfaits en apparence. Car un code est une chose morte et inerte, jusqu'au moment où les hommes le mettent à exécution. Or, s'ils peuvent ne s'y conformer que lorsque telle est leur fantaisie, si, quand ils s'en écartent, nul ne peut réclamer, tout le mérite d'un code s'évanouit.

Il en est de la distinction qu'on cherche à introduire entre la législation et la politique, comme de celle que tant de gens veulent établir entre la liberté civile et la liberté constitutionnelle. La meilleure législation est nulle, quand une bonne organisation politique ne la garantit pas, de même qu'il n'y a point de liberté civile, quand la liberté constitutionnelle ne l'entoure pas de son égide. Sans doute, même dans les pays où régne l'arbitraire, toutes les libertés civiles de tous les habitants ne sont pas envahies, comme dans les états du grand-seigneur toutes les têtes ne sont pas coupées. Mais il suffit que l'envahissement soit possible, et qu'il n'y ait pas de moyen de répression, pour que la sécurité n'existe point.

Défions-nous donc aujourd'hui plus que jamais de tout effort pour détourner nos regards de la politique et pour les fixer sur la législation. Je dis aujourd'hui plus que jamais, parcequ'aujourd'hui plus que jamais cette ruse sera employée comme dernière ressource pour nous tromper et nous donner le change. Quand les gouvernements offrent aux peuples des améliorations législatives, les peuples doivent leur répondre, en leur demandant des institutions constitutionnelles. Sans constitution, les peuples ne sauroient avoir nulle certitude que les lois soient observées. C'est dans les constitutions, dans les peines qu'elles prononcent contre les possesseurs infidéles de l'autorité, dans les droits qu'elles assurent aux citoyens, dans la publicité sur-tout qu'elles doivent consacrer, c'est là que réside la force coërcitive nécessaire pour contraindre le pouvoir à respecter les lois. Quand il n'y a point de constitution, non seulement le pouvoir fait les lois qu'il veut, mais il les observe comme il veut; c'est-à-dire qu'il les observe quand elles lui conviennent, et les viole quand il y trouve son avantage. Alors les meilleures lois, comme les plus mauvaises, ne sont qu'une arme dans les mains des gouvernants. Elles deviennent le fléau des gouvernés, qu'elles garrottent sans les défendre, et qu'elles privent du droit de la résistance sans leur donner le bénéfice de la protection.

CHAPITRE VII.

De l'influence que Filangieri attribue à la législation.

(Plan raisonné de l'ouvrage. P. 15.)

Le plan raisonné que Filangieri a mis à la tête de son livre n'étant autre chose qu'une analyse abrégée de l'ouvrage entier, et toutes les idées que renferme cette analyse se retrouvant par conséquent dans l'ouvrage même, j'ai cru devoir m'interdire ici toutes les observations de détail. Mais il en est une qui se rapporte au système général de l'écrivain, et qui, bien qu'indiquée dans les chapitres précédents, a besoin d'être reproduite et développée.

Filangieri, comme je l'ai dit ailleurs, est tombé dans une méprise commune à plusieurs philosophes bien intentionnés. De ce que l'autorité peut faire beaucoup de mal, il en a conclu qu'elle pouvoit également faire beaucoup de bien. Il a vu, dans tel pays, les lois prêtant leur force à la superstition, et comprimant l'essor des facultés individuelles : il les a vues dans telle autre contrée, encourageant des modes d'éducation vicieux et absurdes; dans telle autre encore, imprimant au commerce, à l'industrie, aux spéculations de l'intérêt personnel, une direction fausse. Il a cru que des gouvernements qui marcheroient dans une route contraire seroient aussi favorables au bonheur et aux progrès de l'espèce humaine que les premiers lui étoient nuisibles. En conséquence, il considère sans cesse, dans son ouvrage, le législateur comme un être à part, au-dessus du reste des hommes, nécessairement meilleur et plus éclairé qu'eux : et s'enthousiasmant pour ce fantôme créé par son imagination, il lui accorde sur les êtres soumis à ses ordres une autorité qu'il ne songe que par intervalles à contenir ou à limiter. C'est ainsi qu'il nous parle *du ton différent que doit prendre la législation chez les différents peuples en différents temps* (pag. 5) ; *de la manière dont, en détruisant des erreurs funestes, elle doit soutenir d'une main ce qu'elle abat de l'autre* (pag. 6) ; *des lois qui doivent s'adapter à l'enfance des nations, suivre les mouvements de leur puberté, attendre leur maturité et prévenir leur décrépitude* (ibid.) ; *du soin que doit apporter le législateur à fixer les richesses dans l'état et à les distribuer avec équité* (p. 11) ; *de la protection qu'il faut accorder à l'agriculture sans négliger les arts* (pag. 12) ; *des moyens de prévenir par les lois l'excès de l'opulence qui entraîne à l'excès de la misère* (pag. 15) ; *de la distribution légale de l'honneur et de l'infamie, pour agir puissamment sur l'opinion* (pag. 18) ; *des obstacles qu'il est desirable d'opposer à l'éducation domestique, trop indépendante de la législation, et qui ne doit être tolérée que chez un petit nombre de citoyens* (pag. 21) ; *de la direction à donner aux talents, du parti que le législateur peut tirer des passions et de la force productive des vertus* (ibid.).

De la sorte, dans cette partie de son système, Filangieri confère au législateur un empire presque sans bornes sur l'existence humaine, tandis qu'ailleurs il s'élève avec beaucoup de force contre les empiétements de l'autorité.

Cette contradiction lui est commune avec un grand nombre d'écrivains que la liberté compte cependant parmi ses plus zélés défenseurs.

Pour expliquer cette inconséquence, quelques développements me sont nécessaires, et j'ai besoin d'obtenir de mes lecteurs un peu d'attention.

Tous ceux qui ont écrit sur les gouvernements les ont, sans le savoir, envisagés simultanément sous deux points de vue, et les ont jugés, souvent dans la même phrase, tantôt d'après ce qu'ils sont, tantôt d'après ce qu'ils voudroient qu'ils fussent. En jugeant les gouvernements d'après ce qu'ils sont, ces écrivains les ont traités fort sévèrement. Ils ont exposé à la haine et à l'indignation publique les vices, les erreurs, les faux calculs, les intentions malveillantes, l'ignorance obstinée, les passions envieuses des hommes revêtus de la puissance. Mais quand ils ont jugé les gouvernements d'après ce qu'ils voudroient qu'ils fussent, ils se sont exprimés d'une manière toute différente. Leur imagination leur a présenté les gouvernants comme des abstractions, elle en a fait des êtres d'une autre espèce que les gouvernés, et jouissant d'une supériorité incontestable en vertus, en sagesse, en lumières.

Ce double mouvement s'explique sans peine, lorsqu'une fois on l'a remarqué. Comme chacun desire que son opinion triomphe, nul ne renonce complétement à lui procurer l'appui de l'autorité : et l'homme que cette autorité contrarie ne voudroit pas la voir anéantie, mais seulement déplacée.

Prenez au hasard quelqu'un de nos philosophes les plus renommés, Mably, par exemple; il consacre six volumes à retracer, l'histoire de France en main, les malheurs des peuples et les crimes du pouvoir. Les faits qu'il recueille et qu'il commente ne nous offrent certes pas les gouvernants comme meilleurs que les gouvernés : et tout esprit juste seroit porté à conclure de ces faits, que l'autorité doit être limitée le plus qu'il est possible, et qu'il faut soustraire à son action malfaisante toute la portion de l'existence humaine dont la nécessité la plus impérieuse n'exige pas l'asservissement.

Mais suivez maintenant Mably dans ses théories. Cette autorité qu'il a trouvée si funeste et si nuisible dans la pratique, il se la figure tout-à-coup bienfaisante, équitable, éclairée: il lui livre l'homme tout entier comme à un protecteur, un tuteur et un guide. La loi, dit-il (et il oublie que la loi ne se fait pas toute seule et qu'elle est l'œuvre des gouvernements), la loi doit s'emparer de nous dès les premiers moments de notre vie, pour nous entourer d'exemples, de préceptes, de récompenses et de châtiments. Elle doit diriger, améliorer, éclairer cette classe nombreuse et ignorante qui, n'ayant pas le temps de l'examen, est condamnée à recevoir les vérités mêmes sur parole et comme des préjugés. Tout le temps où la loi nous abandonne est un temps qu'elle laisse aux passions pour nous tenter,

nous séduire et nous subjuguer. La loi doit exciter l'amour du travail, graver dans l'ame de la jeunesse le respect pour la morale, frapper l'imagination par des institutions habilement combinées, pénétrer jusqu'au fond des cœurs pour en arracher les pensées coupables, au lieu de se borner à comprimer les actions nuisibles, prévenir les crimes au lieu de les punir. La loi doit régler nos moindres mouvements, présider à la diffusion des lumières, au développement de l'industrie, au perfectionnement des arts, conduire comme par la main la foule aveugle qu'il faut instruire et la foule corrompue qu'il faut corriger (1).

Qui ne croiroit, en lisant tout ce que la loi doit faire, qu'elle descend du ciel, pure et infaillible, sans avoir besoin de recourir à des intermédiaires, dont les erreurs la faussent, dont les calculs personnels la défigurent, dont les vices la souillent et la pervertissent. Mais s'il n'en est pas ainsi, si la loi est l'ouvrage des hommes, si elle est empreinte de leurs imperfections, de leurs foiblesses et de leur perversité, qui ne sent que l'ouvrage ne mérite pas plus

(1) Je dois prévenir le lecteur que m'étant proposé il y a quelque temps de publier, en une série d'articles, dans un ouvrage périodique, un essai sur les limites que la loi ne doit point franchir, j'avois commencé par établir quelques unes des idées que je développe ici. Il m'eût été impossible de me passer de ces idées qui sont la base de toute ma doctrine; et j'ai cru pouvoir d'autant mieux les reproduire, que j'ai renoncé de très bonne heure au mode de publication que j'avois adopté avant d'entreprendre ce Commentaire, de sorte que les morceaux déja imprimés sont en très petit nombre, et que leur rédaction a été considérablement modifiée.

de confiance que ses auteurs, et qu'eux-mêmes n'ont pas droit à nous en inspirer davantage sous un titre que sous un autre. Nous les redoutons comme gouvernants, parcequ'ils sont despotes ; nous les redoutons comme peuples, parcequ'ils sont ignorants et aveugles. Un changement de nom ne change point leur nature. Il me semble que voilà d'assez fortes raisons pour nous défier d'eux, lors même qu'ils trouvent convenable de s'intituler législateurs.

Je l'ai dit, il y a long-temps (1), et je le répéte : une terminologie abstraite et obscure a fait illusion aux publicistes. L'on diroit qu'ils ont été dupes des verbes impersonnels dont ils se servoient; ils ont cru dire quelque chose en disant : Il faut diriger l'opinion des hommes; on ne doit pas abandonner les hommes aux divagations de leur esprit. Il faut influer sur la pensée. Il y a des opinions dont on peut tirer utilement parti pour tromper les hommes. Mais ces mots : *Il faut*, *on doit*, *on ne doit pas*, ne se rapportent-ils pas à des hommes? On croiroit qu'il s'agit d'une espéce différente. Cependant toutes ces phrases qui nous en imposent se réduisent à dire : Les hommes doivent diriger les opinions des hommes; les hommes ne doivent pas abandonner les hommes à leurs propres divagations. Il y a des opinions dont les hommes peuvent tirer parti pour tromper les hommes. Les verbes impersonnels semblent avoir persuadé à nos philosophes qu'il y avoit autre chose que des hommes dans les gouvernants.

---

(1) Des Constitutions et des Garanties. 1814.

Il est assurément loin de ma pensée de vouloir affoiblir le respect dû à la loi, quand elle s'applique aux objets qui sont de sa compétence. Je les indiquerai dans quelques instants. Mais prétendre, comme Mably, Filangieri et tant d'autres, étendre sur tous les objets la compétence de la loi, c'est organiser la tyrannie, et revenir, après beaucoup de déclamations oiseuses, à l'état d'esclavage dont on espéroit se délivrer; c'est soumettre de nouveau les hommes à une force illimitée, également dangereuse, soit qu'on l'appelle de son vrai nom, qui est despotisme, soit qu'on la pare d'une appellation plus douce, celle de législation.

Je rejette donc toute cette partie du système de Filangieri, dont, au reste, il s'écarte lui-même dès qu'il aborde les détails. La législation comme le gouvernement n'a que deux objets: le premier, de prévenir les désordres intérieurs; le second, de repousser les invasions étrangères. Tout est usurpation par-delà cette borne. La législation n'a donc point *à prendre un ton différent chez les différents peuples ou chez les mêmes peuples en différents temps*: car dans tous les temps, les délits réels, c'est-à-dire les actes qui nuisent à autrui, doivent être réprimés, et ceux qui ne nuisent à personne ne doivent pas l'être. La législation ne doit point *s'occuper à détruire les erreurs*, ni, quand elle détruit les erreurs, *à soutenir d'une main ce qu'elle abat de l'autre*. Car les erreurs ne doivent se détruire que d'elles-mêmes, et c'est ainsi seulement qu'elles se détruisent par l'examen et par l'expérience; la législation n'a rien à y voir. Il ne sauroit être question de lois *qui s'adaptent à l'enfance des nations, à leur puberté, à leur maturité, à leur décrépitude*, parcequ'encore une fois, dans l'enfance comme dans la puberté, la maturité ou la décrépitude des peuples, les attentats à la vie, à la propriété, à la sûreté, sont des crimes et doivent être punis. Tout le reste doit demeurer libre. D'ailleurs quand une nation est dans l'enfance, ses législateurs sont dans l'enfance. Le titre de législateur ne confère point de privilége intellectuel (1). La législation ne doit point chercher à *fixer les richesses* dans l'état et à les *distribuer avec équité*.

(1) Je prie le lecteur de remarquer que je ne blâme point le fond de l'idée de Filangieri, dans ce qui a rapport à la proportion qui doit exister entre les lois d'un peuple et l'état de l'opinion, des lumières et de la civilisation chez ce peuple. Cette proportion est certainement indispensable : mais Filangieri dans ses métaphores paroît toujours attribuer au législateur le don de juger et de déterminer cette proportion. C'est là que l'erreur réside: c'est contre l'hypothèse d'une classe douée miraculeusement d'une sagacité surnaturelle, hors de proportion elle-même avec les nations contemporaines, que je m'élève de toutes mes forces. Cette hypothèse sert d'apologie à toutes les oppressions; elle justifie tantôt le refus des améliorations les plus opportunes, tantôt la tentative d'améliorations ou d'innovations prématurées qui ne sont que des fléaux. C'est sous ce prétexte qu'aujourd'hui les chefs des nations s'opposent à la restitution des droits qu'elles réclament et à la destruction des abus dont elles s'indignent : et il y a cent ans que dans un sens contraire, sous ce même prétexte, Pierre Ier tourmentoit les Russes; il y en a cinquante que le marquis de Pombal courboit les Portugais sous un joug de fer; il y en a quarante que Joseph II mécontentoit la Bohême, la Belgique, l'Autriche et la Hongrie.

Nul doute que la proportion entre les lois et les idées populaires ne soit nécessaire; mais pour établir cette proportion, c'est à la liberté qu'il faut recourir, et la plupart du temps ce ne sont pas des lois qu'il faut faire, ce sont des lois qu'il faut abroger.

Les richesses se fixent dans un état quand il y a liberté et sécurité; et pour qu'il y ait ces deux choses, il suffit de la répression des crimes. Les richesses se distribuent et se répartissent d'elles-mêmes dans un parfait équilibre, quand la division des propriétés n'est pas gênée et que l'exercice de l'industrie ne rencontre point d'entraves. Or ce qui peut arriver de plus favorable à l'une et à l'autre, c'est la neutralité, le silence de la loi. La législation (je l'ai dit ailleurs chap. III) n'a point à *protéger l'agriculture*. L'agriculture est efficacement protégée, quand toutes les classes ont leurs garanties et sont à l'abri des vexations. La loi n'a point *à prévenir l'excès de l'opulence*, parceque cet excès ne s'introduit chez les peuples que lorsque la loi le sollicite et en quelque sorte l'appelle. C'est d'ordinaire à l'aide des lois, des institutions, des priviléges héréditaires, que les fortunes colossales se forment et se maintiennent. Ensuite on fait des lois pour s'opposer à leur accroissement immodéré, et c'est encore un mal. Abrogez les lois qui les favorisent, vous n'aurez pas besoin de lois qui les répriment. Ce sera un double avantage. Car les premières vexent et avilissent le pauvre, les secondes gênent et corrompent le riche. Les premières arment les diverses classes de citoyens les uns contre les autres: les secondes arment contre les institutions la classe de citoyens qui sert d'exemple au reste. La distribution de *l'honneur et de l'infamie* est exclusivement du ressort de l'opinion. Quand la loi veut y intervenir, l'opinion se cabre et annulle les arrêts législatifs. *L'éducation* appartient aux parents, auxquels par la nature les enfants sont confiés. Si ces parents préfèrent l'éducation domestique, la loi ne peut s'y opposer sans être usurpatrice. Enfin les *talents* n'ont pas besoin que la loi leur donne une *direction*. Les *passions* doivent être réprimées quand elles entraînent des actions contraires à l'ordre public : mais la loi ne doit se mêler ni de les faire naître ni d'en tirer parti : *et la force productrice des vertus,* ce n'est point la loi, mais la liberté.

Toutes les expressions de Filangieri dans cette analyse de son livre et dans plusieurs parties de ce livre même, sont essentiellement vagues et impropres : c'est là le grand défaut de l'ouvrage. On s'aperçoit clairement que les idées de l'auteur n'étoient pas assez fixées. Il avoit entrevu que presque tous les obstacles au bonheur des hommes et au développement de leurs facultés venoient des mesures mêmes que les gouvernements prennent sous prétexte de seconder ce développement et d'assurer ce bonheur; mais il ne s'étoit point suffisamment convaincu que ces obstacles ne seroient pas levés par d'autres mesures des gouvernements, mais par l'absence de toutes mesures positives ; et en relevant avec justesse les inconvénients de ce qui existoit, il a sans cesse employé des expressions qui impliquent une action directe. Ce vice de rédaction empêche l'ouvrage d'avoir un résultat décidé, et le lecteur d'arriver à ce résultat que tous les faits confirment. Ce résultat, c'est que les fonctions du gouvernement sont purement négatives. Il doit réprimer les désordres, écarter les obstacles, empêcher en un mot que le mal n'ait lieu. On peut ensuite s'en fier aux individus pour trouver le bien.

Je reviendrai sur chacun des objets qui sont sommairement indiqués ici, quand les chapitres de Filangieri m'y rameneront successivement. J'ai dû seulement énoncer la vérité fondamentale : et l'on verra que l'examen de chaque question particulière ne fera qu'entourer cette vérité de plus d'évidence.

CHAPITRE VIII.

De l'état de nature, de la formation de la société, et du but véritable des associations humaines.

« Je me garde bien de supposer un état de nature antérieur « à la société... La société est née avec l'homme: mais « cette société primitive étoit bien différente de la société « civile... Il falloit, de toutes les forces particulières, « composer une force publique, qui fût supérieure à cha- « cune d'elles... et qui eût le pouvoir de placer, d'une « manière immuable, dans la main des hommes, l'instru- « ment de leur conservation et de leur tranquillité. »

Liv. I, chap. I, p. 43.

L'on doit savoir gré à Filangieri d'avoir écarté de ses recherches les questions relatives à l'état primitif de l'homme. Les écrivains du dix-huitième siècle avoient mis ces questions fort à la mode, mais elles sont à-la-fois insolubles et oiseuses. Il y a dans l'histoire de toutes les origines des faits primordiaux dont on ne doit pas plus rechercher la cause que celle de l'existence. L'existence est un fait qu'il faut admettre sans vouloir l'expliquer. Toute tentative d'explication nous reporte à cette difficulté triviale et burlesque, mais qui n'en défie pas moins le raisonnement : La poule a-t-elle précédé l'œuf, ou l'œuf a-t-il précédé la poule? Le seul philosophe qui se soit exprimé sensément sur cette matière est celui qui a dit : Nous suivons ceux qui nous précèdent et nous précédons ceux qui nous suivent. Il en est du mode d'existence de chaque espèce d'êtres comme de l'existence elle-même. Ce mode est aussi un fait primordial, une loi de la nature ; les hommes religieux peuvent l'attribuer à la volonté du créateur, les incrédules à la nécessité ; mais ce fait n'est point explicable, comme le sont les autres phénomènes, par la succession des causes et des effets.

L'homme n'est point sociable parcequ'il est foible : car il y a des animaux plus foibles qui ne sont point sociables. Il ne vit point en société, parcequ'il a calculé les avantages que la société lui procureroit : car pour calculer ces avantages, il eût fallu qu'il connût déja la société. Il y a dans tout cela cercle vicieux et pétition de principe. L'homme est sociable parcequ'il est homme, comme le loup est insociable parcequ'il est loup. Autant vaudroit rechercher pourquoi le premier marche sur deux jambes et le second sur quatre.

Filangieri a donc eu raison de prendre pour base l'existence de la société, et de partir de ce premier fait pour examiner comment la société doit être constituée, quel est son but, et quels sont ses moyens d'atteindre ce but.

Sa définition du but de la société est assez exacte : c'est la conservation et la tranquillité. Mais ici l'auteur s'arrête et ne tire pas de ce principe les conséquences qui doivent en découler.

Si le but de la société est la conservation et la tranquillité de ses membres, tout ce qui est nécessaire pour que cette conservation soit garantie et que cette tranquillité ne soit pas troublée, est du ressort de la législation : car la législation n'est autre chose que l'effort de la société pour remplir les conditions de son existence. Mais tout ce qui n'est pas nécessaire à la garantie de la conservation et au maintien de la tranquillité est hors de la sphère sociale et législative.

Maintenant deux choses sont indispensables à la conservation et à la tranquillité des sociétés : l'une, que l'association soit à l'abri des désordres intérieurs ; l'autre, qu'elle soit à couvert des invasions étrangères. Il est donc du ressort de la société de réprimer ces désordres et de repousser ces invasions. Ainsi la législation doit punir les crimes, organiser une force armée contre les ennemis extérieurs, et imposer aux individus le sacrifice d'une portion de leur propriété particulière pour subvenir aux dépenses de ces deux objets. Châtiment des délits, résistance aux agressions, telle est la sphère de la législation dans les limites du nécessaire.

Il faut même distinguer deux espéces de délits, les actions nuisibles en elles-mêmes, et les actions qui ne sont nuisibles que comme violations d'engagements contractés. La juridiction de la législation sur les premières est absolue. Elle n'est que relative à l'égard des secondes. Elle dépend et de la nature de l'engagement, et de la réclamation de l'individu lésé. Lors même que la victime d'un assassinat ou d'un vol voudroit pardonner au coupable, la législation devroit le punir, parceque l'action commise est nuisible par son essence. Mais lorsque la rupture d'un engagement est consentie par toutes les parties contractantes ou intéressées, la législation n'a pas le droit d'en prolonger de force l'exécution, comme elle n'a pas le droit de la dissoudre sur la demande d'une seule des parties.

Il est évident que la juridiction de la législation ne peut rester en-deçà de ces bornes, mais qu'elle peut s'arrêter là. L'on ne sauroit concevoir un peuple chez lequel les crimes individuels demeureroient impunis, et qui n'auroit préparé aucun moyen de résister aux attaques qu'entreprendroient contre lui les nations étrangères. Mais on en concevroit facilement un dont le gouvernement n'auroit d'autre mission que de veiller à ces deux objets : l'existence des individus et celle de la société seroient parfaitement assurées. Le nécessaire seroit fait.

Dans plusieurs parties de son livre, Filangieri paroît avoir eu l'instinct de cette vérité ; mais il ne l'établit nulle part assez clairement. Il laisse subsister dans toutes ses expressions un vague qui peut être et qui, en effet, a de tout temps été la source de beaucoup d'abus. Pour nous en convaincre relisons le paragraphe entier consacré à expliquer, comme le dit l'auteur, *l'origine et le motif de la société civile, l'origine et le motif des lois, et par conséquent l'objet unique et universel de la législation.*

« Il falloit, de toutes les forces particulières, com-
« poser une force publique qui fût supérieure à cha-
« cune d'elles. Il falloit donner l'être à une personne
« morale dont la volonté représentât toutes les vo-
« lontés : dont la force fût l'assemblage de toutes les
« forces ; et qui, dirigée par la raison publique, in-

« terprétât la loi naturelle, en développât les princi-
« pes, fixât les droits, réglât les devoirs, prescrivît
« les obligations de chaque individu envers la société
« et envers les membres qui la composent; établît
« au milieu des citoyens une mesure qui fût tout à-
« la-fois et la régle de leurs actions et la base de
« leur sûreté; qui sût créer et conserver, pour le
« maintien de l'ordre, l'équilibre entre les besoins
« et les moyens de les remplir; qui eût enfin le pou-
« voir de placer d'une manière immuable, dans la
« main des hommes, l'instrument de leur conserva-
« tion et de leur tranquillité, seuls objets pour les-
« quels ils avoient fait le sacrifice de l'indépendance
« primitive. »

Sans doute, en interprétant chaque expression de Filangieri, il est possible de prouver qu'il restreint la compétence de la législation dans ses justes bornes: mais on pourroit aussi par une interprétation différente étendre cette compétence à tous les objets.

Si la législation est une personne morale dont la volonté représente toujours toutes les volontés, il en résulte que toutes les volontés ainsi représentées n'ont plus d'existence particulière qui leur appartienne. Si c'est la législation qui interprête la loi naturelle, ce n'est plus qu'à travers cette législation, qui est pourtant une chose convenue et factice, que l'homme peut connoître la nature. Un silence éternel est imposé au sentiment intérieur que cette nature lui avoit donné pour guide. Si c'est la législation qui fixe les droits de chaque individu, les individus n'ont plus que les droits que la législation veut bien leur laisser.

Conçu de la sorte, le système de Filangieri ne diffère en rien de celui de Rousseau que j'ai combattu dans un autre ouvrage et dont je crois avoir démontré les terribles conséquences et les incalculables dangers (1).

La législation, suivant Filangieri, comme la société, suivant Jean-Jacques, seroit une puissance illimitée, despotique, au profit de laquelle tout l'être individuel se trouveroit aliéné.

On ne sauroit s'élever avec trop de force et de persistance contre cette doctrine. Je ne reproduirai point ici la série de raisonnements dont j'ai fait usage dans l'ouvrage que j'ai rappelé tout-à-l'heure. Je me bornerai à en rappeler les conclusions.

Il y a une partie de l'existence humaine qui, de nécessité, reste individuelle et indépendante, et qui est de droit hors de toute compétence sociale ou législative. L'autorité de la société et par conséquent de la législation n'existe que d'une manière relative et limitée : au point où commence l'indépendance de l'existence individuelle, s'arrête l'autorité de la législation ; et si la législation franchit cette ligne, elle est usurpatrice.

Dans la portion de l'existence humaine qui doit rester indépendante de la législation, résident les droits individuels, droits auxquels la législation ne

(1) Cours de politique constitutionnelle, tom. I, part. I, p. 173-176.

doit jamais toucher, droits sur lesquels la société n'a point de juridiction, droits qu'elle ne peut envahir sans se rendre aussi coupable de tyrannie que le despote qui n'a pour titre que le glaive exterminateur. La légitimité de l'autorité dépend de son objet aussi-bien que de sa source. Lorsque cette autorité s'étend sur des objets qui sont hors de sa sphère, elle devient illégitime. Quand la législation porte une main attentatoire sur la partie de l'existence humaine qui n'est pas de son ressort, peu importe de quelle source elle se dit émanée, peu importe qu'elle soit l'ouvrage d'un seul homme ou d'une nation. Elle proviendroit de la nation entière, moins le citoyen qu'elle vexe, que ses actes n'en seroient pas plus légaux. Il y a des actes que rien ne peut revêtir du caractère de loi.

« L'on a défini » (j'emprunte cette remarque qui est juste et profonde à un écrivain dont le nom m'est échappé) « l'on a défini les lois l'expression de la « volonté générale : c'est une définition très fausse. « Les lois sont la déclaration des relations des hom- « mes entre eux. Au moment où la société existe, il « s'établit entre les hommes de certaines relations. « Ces relations sont conformes à leur nature, car si « elles n'étoient pas conformes à leur nature elles « ne s'établiroient pas. Ces lois ne sont autre chose « que ces relations observées et exprimées : elles ne « sont pas la cause de ces relations qui au contraire « leur sont antérieures. Elles déclarent que ces rela- « tions existent. Elles sont la déclaration d'un fait. « Elles ne créent, ne déterminent, n'instituent rien,

« sinon des formes pour garantir ce qui existoit « avant leur institution. Il s'ensuit qu'aucun homme, « aucune fraction de la société, ni même la société « entière ne peut, à proprement parler et dans un « sens absolu, s'attribuer le droit de faire des lois : « les lois n'étant que l'expression des relations qui « existent entre les hommes, et ces relations précé- « dant les lois, une loi nouvelle n'est autre chose « qu'une déclaration qui n'avoit pas encore été faite « de ce qui existoit antérieurement.

« La loi n'est donc point à la disposition du lé- « gislateur. Elle n'est point une œuvre spontanée. Le « législateur est pour l'univers moral ce qu'est le « physicien pour l'univers matériel. Newton lui- « même n'a pu que l'observer et nous déclarer les « lois qu'il reconnoissoit ou croyoit reconnoître. Il « ne s'imaginoit pas sans doute qu'il fût le créateur « de ces lois. »

Ainsi que je l'ai observé plus haut, Filangieri, dans le cours de son livre, se rapproche fréquemment de ces principes, mais il ne les énonce jamais positivement ; et nous le verrons même, dans plus d'un chapitre, accorder à la législation une étendue de compétence à laquelle il semble n'assigner aucune borne.

Je prouverai dans mes développements ultérieurs, que la doctrine que j'établis n'a nul danger pour le bon ordre ; que le gouvernement, renfermé dans ses limites légitimes, n'en est pas moins fort, et n'en atteint que plus sûrement son but ; qu'en lui permettant de franchir ces limites, on l'affoiblit et le compromet; que les droits individuels, dans toute leur latitude et leur inviolabilité, ne sont jamais en opposition avec les justes droits des associations sur leurs membres; et que le repos et le bonheur de tous est mieux garanti par l'indépendance de chacun dans tout ce qui ne nuit pas aux autres, que par toutes les tentatives ouvertes ou déguisées, violentes ou équivoques, réitérées sans cesse par l'autorité et consacrées malheureusement par des philosophes à vue courte, pour doter la société, c'est-à-dire, un être abstrait et fictif, aux dépens des individus, c'est-à-dire, des seuls êtres réels et sensibles.

CHAPITRE IX.

Des erreurs en législation.

« Rien n'est plus facile que de commettre une erreur en lé-
« gislation : mais il n'en est point de plus fatale aux peu-
« ples ; il n'en est point de plus dangereuse à guérir. La
« perte d'une province et tous les mauvais succès d'une
« guerre sont des malheurs de peu de durée. Un seul
« instant de prospérité, une victoire d'un jour, réparent
« quelquefois les pertes de plusieurs années ; mais une
« erreur de politique ou de législation est la source iné-
« puisable d'un siècle de maux, et son influence destruc-
« tive s'étend jusqu'aux siècles à venir. »

Liv. I, chap. III, p. 53.

De ce qu'il est si facile de commettre des erreurs en législation, et de ce que les erreurs de ce genre sont mille fois plus funestes que toutes les autres calamités, il résulte, ce me semble, qu'il faut diminuer, autant qu'il est possible, les chances de ces erreurs. Si, pour diminuer ces chances, les hommes sont réduits à sacrifier une portion des avantages qu'ils espéroient obtenir de l'action des lois, il faut qu'ils se résignent à ce sacrifice, pourvu qu'il n'entraîne pas la destruction de l'état social ; et l'on doit consentir à ce que les lois fassent peut-être un peu moins de bien, pour être assuré qu'elles causeront beaucoup moins de mal.

En renfermant leur intervention dans des limites aussi étroites que le comporte la sûreté publique, l'on atteint ce but : moins le législateur aura l'occasion d'agir, moins il sera exposé à se tromper.

Le marquis de Mirabeau, dans le premier chapitre de l'*Ami des hommes,* établit une distinction très juste entre les lois positives et les lois spéculatives. Les lois positives, dit-il, se bornent au maintien ; les lois spéculatives embrassent la direction. Il ne tire point de cette distinction des conséquences étendues. Son objet n'étoit point de fixer les limites de la législation, et bien que, dans le reste de son livre, il soit conduit sans cesse, par la force des choses, à restreindre de fait les fonctions spéculatives des législateurs et des gouvernants, il admet néanmoins qu'elles sont de droit, et s'efforce seulement d'indiquer comment elles peuvent être utilement et avantageusement exercées.

Mon but est différent ; mais j'adopterai la même distinction pour la suivre jusqu'au terme de ses résultats incontestables.

Lorsque le gouvernement ou la législation punissent une action nuisible ; lorsqu'ils répriment la violation d'un engagement contracté, ils remplissent une fonction positive ; lorsqu'ils sévissent contre une action qui n'est pas nuisible, sous prétexte qu'elle pourroit mener indirectement à une action qui le seroit ; lorsqu'ils imposent aux individus de certaines obligations ou régles de conduite, qui ne font point partie nécessaire des engagements contractés par ces individus ; lorsqu'ils gênent la disposition de la propriété ou l'exercice de l'industrie ; lorsqu'ils cherchent à dominer l'opinion, soit par des châtiments ou des récompenses, soit en s'emparant de l'éducation, ils s'arrogent une fonction spéculative.

Le législateur, dans ses fonctions positives, n'agit point d'une manière spontanée. Il réagit contre des faits, contre des actions antécédentes, qui ont eu lieu indépendamment de sa volonté. Mais dans ses fonctions spéculatives, il n'a point à réagir contre des faits, contre des actions commises, mais à prévoir des actions futures. Il agit donc spontanément, son action est le produit de sa volonté.

Les fonctions positives du législateur sont d'une nature infiniment simple; et dans leur exercice, l'action du pouvoir n'est ni équivoque ni compliquée.

Ses fonctions spéculatives sont d'une autre nature; elles n'ont point de bases fixes, de limites certaines; elles ne s'exercent point sur des faits; elles se fondent sur des espérances ou des craintes, sur des probabilités, des hypothèses, des spéculations, en un mot. Par-là même] elles peuvent varier, s'étendre, se compliquer à l'infini.

Les fonctions positives permettent souvent à l'autorité de demeurer immobile. Les fonctions spéculatives ne lui permettent jamais l'immobilité. Sa main qui, tantôt contient, tantôt dirige, tantôt crée et tantôt répare, peut quelquefois être invisible; elle ne peut jamais rester inactive. Vous voyez alors le législateur tour-à-tour poser en-deçà du crime des barrières de son propre choix, pour établir ensuite des peines contre le renversement de ces barrières, ou recourir à des mesures prohibitives contre des actions indifférentes en elles-mêmes, mais dont les conséquences indirectes lui semblent dangereuses, ou accumuler les lois coercitives, pour forcer les hommes à faire ce qui lui paroît le plus utile. D'autres fois il étend son autorité sur l'opinion; d'autres fois encore, il modifie ou limite la jouissance de la propriété, en régle arbitrairement les formes, en détermine, en ordonne ou en prohibe la transmission. Il assujettit à des entraves nombreuses l'exercice de l'industrie, l'encourage d'un côté, la restreint de l'autre: actions, discours, écrits, erreurs, vérités, idées religieuses, systèmes philosophiques, affections morales, sentiments intimes, usages, habitudes, mœurs, institutions, ce qu'il y a de plus vague dans l'imagination de l'homme, de plus indépendant dans sa nature, tout devient ainsi du domaine du législateur; son autorité enlace notre existence de toutes parts, consacre ou combat nos conjectures les plus incertaines, modifie ou dirige nos impressions les plus fugitives.

Il y a donc cette différence entre les fonctions spéculatives et les fonctions positives, que ces dernières ont des bornes fixes; au lieu que les premières, dès qu'elles sont admises, n'ont aucune borne. La loi qui enverroit les citoyens aux frontières, pour défendre ces frontières attaquées, seroit une loi positive; car son but seroit de repousser une agression commise, et d'empêcher que le sol ne fût envahi. La loi qui autoriseroit le gouvernement à porter la guerre chez tous les peuples soupçonnés de méditer une attaque, seroit une loi spéculative; car il n'y auroit point de fait antérieur, point d'action commise : il y auroit action présumée, spéculation, conjecture. Aussi remarquez combien, dans le premier cas, la fonction du législateur et celle de l'exécuteur des lois seroient limitées. L'un n'auroit prononcé que contre un fait ; l'autre ne pourroit agir, si le fait n'existoit pas. Mais dans la seconde hypothèse, l'autorité seroit sans limites ; car la conjecture seroit toujours à la discrétion du dépositaire de l'autorité.

De cette différence entre les lois positives et les lois spéculatives, suit évidemment que, lorsque le législateur se restreint aux premières, il ne peut guère se tromper. En s'aventurant dans les secondes, il s'expose au contraire à tous les genres d'erreurs. Une loi contre l'assassinat et le vol, punissant des actions déterminées, peut être plus ou moins bien faite ; elle peut être ou trop indulgente ou trop sévère : mais elle ne sauroit aller en sens opposé de son but. Une loi, pour empêcher la décadence du commerce ou remédier à la stagnation de l'industrie, court risque de prendre pour des moyens d'encouragement ce qui n'en est pas. En croyant encourager le commerce, elle peut détruire le commerce ; en croyant favoriser l'industrie, elle peut la contrarier.

Si donc les inconvénients graves, multiformes, prolongés, des erreurs de législation et de politique doivent nous engager à réduire au moindre nombre qu'il nous sera possible les chances de ces erreurs, il est évident que tout ce qui tient aux fonctions spéculatives doit être exclu du domaine de la législation. Nous arrivons ainsi, par cette route, comme par toutes les autres, à ce résultat unique, éternel, seul raisonnable et seul salutaire : répression, défense, tel est le but légitime, c'est-à-dire nécessaire de la loi. Le reste est du luxe et du luxe funeste.

Sans doute, en renfermant l'action de la loi dans cette étroite enceinte, l'on renonce à voir se réaliser bien des rêves brillants, et l'on met un terme à mille espérances gigantesques. L'imagination peut concevoir un emploi singulièrement utile de la législation, dans son extension indéfinie, en la supposant toujours exercée en faveur de la raison, de l'intérêt de tous et de la justice, choisissant toujours des moyens d'une noble nature et d'un succès assuré, parvenant à s'assujettir les facultés de l'homme sans les dégrader, agissant, en un mot, comme la Providence, telle que les dévots la conçoivent, par la réunion de la force qui commande et de la conviction qui pénètre au fond des cœurs.

Mais pour adopter cette supposition séduisante, il faut admettre un principe que les faits sont loin de nous présenter comme démontré, c'est que ceux qui font les lois sont nécessairement plus éclairés que ceux qui leur obéissent.

Il peut en être ainsi chez des hordes sauvages que des colonies viennent policer ; mais il n'en est pas de même chez les peuples civilisés.

Lorsqu'une peuplade, qui ne posséde encore que les notions grossières indispensables à l'existence physique, reçoit par la conquête ou de toute autre manière des lois qui lui font connoître les premiers éléments, et qui la soumettent aux premières régles de l'état social, les auteurs de ces lois sont certainement plus éclairés que ceux qu'ils instruisent. Ainsi l'on peut croire que Cécrops, s'il a existé, avoit plus de lumières que les Athéniens, Numa que les Romains, Mahomet que les Arabes.

Mais appliquer ce raisonnement à une association déja policée, c'est à mon avis une erreur grossière. Dans une pareille association, une portion nombreuse ne s'éclaire, il est vrai, que très difficilement, vouée qu'elle est par la nature des choses à des occupations mécaniques ; et les hommes chargés de la confection des lois sont incontestablement supérieurs à cette portion. Mais il y a aussi une classe éclairée, dont ces hommes font partie et ne font qu'une très petite partie ; ce n'est pas entre eux et la classe ignorante, c'est entre eux et la classe instruite que doit s'établir la comparaison. La question réduite à ces termes ne peut tourner à l'avantage du législateur. « Si vous supposez, dit Condorcet, la « puissance publique plus éclairée que la masse du « peuple, vous devez la supposer moins éclairée que « beaucoup d'individus (1). »

S'il en est ainsi, si le législateur n'a pas le privilége de distinguer mieux que les individus soumis à son pouvoir ce qui est avantageux et ce qui est nuisible, que gagnons-nous pour le bonheur, l'ordre ou la morale, à étendre ses attributions? Nous créons une force aveugle, dont la disposition est

---

(1) Premier mémoire sur l'éducation.

abandonnée au hasard ; nous tirons au sort entre le bien et le mal, entre l'erreur et la vérité, et le sort décide qui sera revêtu de la puissance (1).

Ce n'est pas à dire que les lois ne soient très respectables quand elles se renferment dans leur sphère. Les chances d'erreurs de la législation ne sont point un argument qui l'emporte sur la chance, ou plutôt la certitude de la dissolution de toute société, dissolution qui résulteroit de l'absence complète des lois. Restreintes d'ailleurs au strict nécessaire, leur intervention, en même temps qu'elle est plus indispensable, a moins de dangers. Quand les lois se bornent au maintien de la sûreté extérieure et intérieure, elles n'exigent pour être bien faites qu'une intelligence et des lumières communes : cela même est un très grand avantage. La nature, en destinant à la médiocrité la multitude, a voulu que la médiocrité fût en état de concevoir les réglements propres à conserver dans la société le bon ordre et la paix. Comme, dans les jugements, les hommes se trouvent suffisamment bien d'être jugés par leurs pairs, en fait de législation, ils se trouveront suffisamment bien des lois que leurs pairs auront faites. Mais de même que les questions soumises aux jurés doivent être simples et précises, de même il faut que l'objet des lois soit précis et simple.

Je prévois que l'opinion que j'émets ici est de nature à exciter beaucoup de clameurs.

---

(1) Idées sur la souveraineté, l'autorité sociale et les droits individuels, chap. II et III.

L'un des artifices de la puissance consiste à représenter toujours la législation, le gouvernement, le maniement des affaires, comme une tâche très difficile; et la foule le croit, parce qu'elle croit assez docilement ce qu'on lui répète; les dépositaires de l'autorité y gagnent de s'ériger en profonds génies, par cela seul qu'ils sont chargés de fonctions si ardues. Mais il y a dans leur charlatanisme à cet égard ceci de remarquable: en même temps qu'ils posent le principe, ils combattent de toute leur force sa conséquence la plus rigoureuse. Si le pouvoir requiert, pour être exercé, tant de capacité, n'est-il pas clair qu'il ne devroit être confié qu'au plus capable (1)? Les maîtres du monde sont bien loin d'y consentir. Quand il leur plaît de se faire admirer, ils parlent des obstacles qu'ils ont à vaincre, des écueils qu'ils évitent, de la perspicacité, de la sagesse, des lumières supérieures dont ils doivent être doués. Mais quand on est conduit à conclure qu'il faudroit rechercher si en effet ils possèdent ces hautes lumières, cette perspicacité, cette sagesse, ils se placent aussitôt sur un autre terrain : ils affirment que le gouvernement

(1) « Que de fausses idées ne voit-on pas s'élever sur le mode « d'élection, » dit un écrivain très ennemi des gouvernements populaires et fort desireux de renfermer toutes les éligibilités dans les classes aristocratiques. « La capacité d'élire n'est pas plus un droit « que la capacité qui rend habile à occuper des places ; c'est une « commission déférée par la loi pour le bien de tous : pour faire de « bonnes lois, il faut de bons législateurs, et les qualités d'un lé- « gislateur étant rares, il faut les trouver là où elles se trouvent. » Ce raisonnement ne s'appliqueroit-il pas tout aussi-bien à la monarchie, et ne tendroit-il pas à prouver qu'elle doit être élective?

leur appartient, quelles que soient les bornes de leurs facultés ; que c'est leur propriété, leur droit, leur privilége ; et de la sorte il résulte de leur système à-la-fois que l'art de régir les hommes exige une intelligence plus qu'humaine, et qu'on peut s'en remettre au plus aveugle de tous les hasards, celui de la naissance, pour confier la pratique de cet art au premier venu.

Je crois être plus favorable aux véritables intérêts des gouvernants que les gouvernants eux-mêmes, en démontrant que le gouvernement resserré dans ses bornes légitimes n'est nullement chose si difficile. Je pense rendre par cette démonstration un éminent service à la monarchie constitutionnelle héréditaire. Je le fais volontiers, parcequ'à l'époque actuelle de notre espèce en Europe, la monarchie constitutionnelle héréditaire peut être le plus libre et le plus paisible des gouvernements.

Mais étendre sa juridiction sur des objets qui sont hors de sa sphère, c'est dénaturer la question ; c'est confier à un petit nombre d'hommes, qui ne sont en rien au-dessus du reste, des fonctions innombrables et illimitées, des fonctions moins nécessaires à remplir que les fonctions positives, puisque la société subsisteroit lors même qu'elles ne seroient pas remplies ; presque impossibles à remplir bien, puisque des lumières supérieures sont requises, plus dangereuses à remplir mal, puisqu'elles atteignent les parties les plus délicates de notre existence et peuvent tarir toutes les sources de prospérité. Tout confirme donc mon principe. Ayez des lois positives, en donnant à cette expression le sens dans lequel le marquis de Mirabeau l'employoit, vous ne pouvez exister sans ces lois. N'ayez point de lois spéculatives; vous pouvez vous en passer.

Repoussez sur-tout avec un soin extrême le prétexte banal de toutes les lois de cette dernière espéce, l'allégation de l'utilité. Cette allégation une fois admise, vous serez reportés malgré vos efforts vers tous les inconvénients inséparables de la force aveugle et colossale créée sous le nom de législation.

L'on peut trouver des motifs d'utilité pour tous les commandements et pour toutes les prohibitions. Défendre aux citoyens de sortir de leurs maisons seroit utile; car on empêcheroit ainsi tous les délits qui se commettent sur les grandes routes. Obliger chacun de se présenter tous les matins devant les magistrats seroit utile; car on découvriroit plus facilement les vagabonds et les brigands qui se cachent pour attendre les occasions de faire le mal. C'est avec cette logique qu'on avoit, il y a vingt années, transformé la France en un vaste cachot.

L'utilité n'est pas susceptible d'une démonstration précise. C'est un objet d'opinion individuelle et par conséquent de discussion, de contestation indéfinie. Rien dans la nature n'est indifférent: tout a sa cause, tout a ses effets; tout a des résultats ou réels ou possibles; tout peut être utile, tout peut être dangereux. La législation, une fois autorisée à juger de ces possibilités, n'a point de limites et ne peut en avoir. « Vous n'avez, » dit un Italien de beaucoup d'esprit (1), « vous n'avez jamais lié de votre vie « quelque chose que ce soit, avec de la ficelle ou du « fil, sans donner un tour de trop ou sans faire un « nœud de plus. Il est dans notre instinct, en petit « comme en grand, de dépasser la mesure natu- « relle. » Entraîné par cette disposition inhérente à l'homme, le législateur agit en tout sens, et commet ces erreurs sans nombre que Filangieri décrit. Il doit les commettre, car, ainsi que je l'ai prouvé, il n'est pas plus infaillible que les individus. Je dis qu'il n'est pas plus infaillible, et si je voulois, je démontrerois qu'il l'est moins.

Il y a dans le pouvoir quelque chose qui fausse le jugement. Les chances d'erreurs de la force sont plus multipliées que celles de la foiblesse. La force trouve ses ressources en elle-même : la foiblesse a besoin de la raison. Supposez deux hommes également éclairés, l'un revêtu d'une puissance quelconque, l'autre simple citoyen : ne sentez-vous pas que le premier, placé en évidence, pressé dans les décisions qu'il doit adopter à un instant donné, engagé par ces décisions devenues publiques, a moins de temps pour la réflexion, plus d'intérêt à la persistance et par conséquent plus de chances d'erreurs que le second, qui examine à loisir, ne prend d'engagement envers aucune opinion, n'a nul motif de défendre une idée fausse, n'a compromis ni son autorité ni son amour-propre, et qui enfin, s'il se

(1) Galiani, commerce des grains, page 250.

passionne pour cette idée fausse, n'a nul moyen de la faire triompher (1)?

Et ne croyez pas trouver un remède dans telle ou telle forme de gouvernement. Parceque dans une organisation représentative le peuple choisit ceux qui lui imposent des lois, vous pensez qu'ils ne sauroient se tromper. Vous vous trompez vous-même. En supposant un système parfait et la liberté d'élection la mieux garantie, il s'en suivra que les opinions des élus seront conformes à celles des électeurs. Ils seront donc au niveau de la nation : ils ne seront pas plus infaillibles qu'elle.

J'ajouterai que les qualités qui obtiennent le choix du peuple, sont souvent exclusives de la supériorité des lumières. Il faut, pour conquérir et sur-tout pour conserver la confiance de la multitude, de la ténacité dans les idées, de la partialité dans les jugements, de la déférence pour les préjugés encore en faveur, plus de force que de finesse, plus de promptitude à saisir l'ensemble que de délicatesse à discerner les détails. Ces qualités suffisent pour ce qu'il y a de fixe, de déterminé, de précis, dans la législation. Mais transportées dans le domaine de l'intelligence et de l'opinion, elles ont quelque chose de rude, de grossier, d'inflexible, qui va contre le but d'amélioration ou de perfectionnement qu'on se propose (2).

(1) Idées sur la souveraineté, l'autorité sociale et les droits individuels.

(2) Idem.

Un Anglois très spirituel me disoit un jour : Dans la chambre des communes, l'opposition est plus éclairée que le ministère. Hors de la chambre des communes, la partie instruite du peuple anglois est plus éclairée que l'opposition.

En tolérant les lois spéculatives, c'est-à-dire, en sortant la législation de la sphère où il faut de nécessité l'admettre, vous soumettez donc le genre humain aux méprises inévitables d'hommes sujets à l'erreur, non seulement par la foiblesse inhérente à la nature de tous, mais par l'effet additionnel de leur position spéciale.

Que de réflexions je pourrois ajouter, si je voulois parler ici de la détérioration inséparable de toutes les décisions collectives qui ne sont que des transactions forcées entre les préjugés et la vérité, les intérêts et les principes ! si je voulois examiner les moyens auxquels la législation est contrainte de recourir pour être obéie, décrire l'influence des lois coercitives ou prohibitives sur la morale des citoyens, et la corruption que la multiplicité de ces lois introduit dans les agents du pouvoir ! Mais j'ai déja effleuré ce sujet dans un autre ouvrage (1), et j'y serai d'ailleurs ramené dans la suite de ce commentaire.

Je me résume. Les erreurs en législation ont des inconvénients multipliés. Indépendamment des maux directs qu'elles causent, comme elles obligent les hommes à s'y résigner et à y conformer leurs habitudes et leurs calculs, elles sont, ainsi que Fi-

(1) Cours de politique constitutionnelle.

langieri l'observe, aussi dangereuses à guérir qu'à respecter.

Les particuliers peuvent se tromper sans doute; mais s'ils s'égarent, les lois sont là pour les réprimer. Les erreurs de la législation au contraire se fortifient de la force des lois mêmes. Ces erreurs sont générales et condamnent l'homme à l'obéissance. Les méprises de l'intérêt privé sont individuelles: l'erreur de l'un n'influe en rien sur la conduite de l'autre. Lorsque la loi reste neutre, toute erreur étant préjudiciable à celui qui la commet est bientôt reconnue et abjurée. La nature a donné à l'homme deux guides, l'intérêt et l'expérience: il s'éclaire par ses propres pertes. Quel motif de persistance auroit-il? tout se passe de lui à lui-même. Il peut, sans que nul le remarque, reculer, avancer, changer de route, se corriger enfin librement. La situation du législateur est en tout l'inverse. Plus éloigné des conséquences de ses mesures, et n'en éprouvant pas les effets d'une manière aussi immédiate, il découvre plus tard ses méprises, et quand il les découvre, il se trouve en présence d'observateurs ennemis. Il a raison de craindre de se déconsidérer en se corrigeant. Entre le moment où la législation dévie de la bonne route, et le moment où le législateur s'en aperçoit, beaucoup de temps s'écoule; mais entre ce dernier moment et celui où le législateur se détermine à revenir sur ses pas, il s'écoule plus de temps encore: et l'action même de revenir sur ses pas n'est sans danger ni pour le législateur ni pour la société.

Toutes les fois donc qu'il n'y a pas nécessité absolue, toutes les fois que la législation peut ne pas intervenir, sans que la société soit bouleversée, toutes les fois enfin qu'il n'est question que d'un mieux hypothétique, il faut que la loi s'abstienne, laisse faire, et se taise.

CHAPITRE X.

Des remarques de Filangieri sur la décadence de l'Espagne.

« L'Espagne doit non seulement à l'expulsion des Maures, mais aux faux principes d'administration... l'état déplorable de l'agriculture, de l'industrie, de la population et du commerce. »

Liv. I, chap. III, p. 54.

C'est avec beaucoup de raison sans doute que Filangieri place au nombre des causes de la décadence de l'Espagne l'expulsion des Maures et l'absurdité de plusieurs des lois commerciales qui régissoient ce royaume. Nous aurons plus d'une fois l'occasion de revenir sur l'influence désastreuse de ces lois prohibitives, dont tous les gouvernements de l'Europe ont fait jadis un si ample usage; que tous les flatteurs de ces gouvernements, tous les faiseurs de projets, tous les spéculateurs ignorants, tous les négociants cupides, leur recommandoient à l'envi; qui ont séduit fréquemment Montesquieu lui-même, et que les enseignements de l'expérience et les efforts de tous les hommes sensés ne peuvent extirper encore, tant le pouvoir éprouve de répugnance à croire aux bons effets de la liberté! Quant à l'expulsion des Maures, elle est heureusement placée aujourd'hui à côté de la Saint-Barthélemy et de la révocation de l'édit de Nantes, et quelle que soit l'impudeur des écrivains vendus à l'autorité, les progrès du siècle ont gagné ceci, que de telles mesures qui, renouvellées, trouveroient peut-être des complices, ne sauroient à distance rencontrer d'approbateurs.

Néanmoins, ces causes que Filangieri assigne au dépérissement d'un empire, favorisé de tout temps par sa position et son climat, et durant plusieurs siécles par une réunion unique de circonstances, ne sont que secondaires et accidentelles; ou plutôt elles sont elles-mêmes les effets d'une cause générale et permanente, je veux dire l'établissement graduel du despotisme et l'abolition de toute institution constitutionnelle.

L'Espagne n'est pas tombée tout-à-coup dans l'état de foiblesse et d'abaissement dans lequel cette monarchie étoit plongée, lorsque l'invasion de Bonaparte vint réveiller de sa stupeur un peuple généreux. Sa décadence date de la destruction de sa liberté politique et de la suppression des cortès. Peuplée autrefois de trente millions d'habitants, elle a vu sa population tomber successivement jusqu'à neuf millions. Souveraine des mers, et maîtresse d'innombrables colonies, elle a vu sa marine déchoir au point d'être inférieure à celle de l'Angleterre, de la Hollande et de la France. L'arbitre de l'Europe sous Charles-Quint, la terreur de l'Europe sous Philippe II, elle s'est vue rayée du catalogue des puissances qui, pendant les trois derniers siécles, ont disposé des destins du monde. Tout cela ne s'est pas fait en un jour. Cela s'est fait par le travail opiniâtre et la pression sourde d'un gouvernement qui pesoit sur l'intelligence humaine, et qui, pour n'avoir point à redouter ses sujets, paralysoit leurs facultés et les retenoit dans l'apathie.

La preuve en est que si nous tournons nos regards vers l'Angleterre, nous apercevrons chez les Anglois des lois commerciales non moins absurdes, non moins vexatoires, non moins injustes : nous verrons dans les massacres des catholiques sur-tout en Irlande, et dans les réglements exécrables qui réduisent toute cette portion du peuple irlandois à la condition d'ilotes, le pendant de la persécution et jusqu'à un certain point du bannissement des Maures ; et pourtant l'Angleterre est restée au premier rang des nations. C'est que les institutions politiques, les discussions parlementaires, la liberté de la presse dont elle jouit sans interruption depuis cent-vingt-six années, ont contrebalancé les vices de ses lois et de son gouvernement. L'énergie du caractère de ses habitants s'est maintenue, parcequ'ils n'ont point été déshérités de leur participation à l'administration des affaires publiques ; cette participation, bien qu'elle soit presque imaginaire, donne aux citoyens un sentiment de leur importance qui entretient leur activité, et l'Angleterre régie, à bien peu d'exception près, depuis sir Robert Walpole jusqu'à nous, par des ministères machiavéliques et représentée par un parlement assez corrompu, n'en a pas moins conservé le langage, les habitudes et plusieurs des avantages de la liberté.

Que si l'on m'objectoit que déja la constitution de l'Espagne n'existoit plus sous Philippe II, et que sa puissance étoit encore formidable, je répondrois que l'effet du despotisme n'est pas immédiat; une nation qui a été libre et qui a dû à sa liberté le développement de ses facultés morales et industrielles, vit, quelque temps après la perte de ses droits, sur ses capitaux anciens, pour ainsi dire, sur ses richesses acquises. Mais le principe reproducteur étant desséché, la génération active, éclairée, industrieuse, disparoît successivement, et la génération qui la remplace tombe dans l'inertie et l'abâtardissement.

Si l'on m'oppose l'exemple d'autres états de l'Europe non moins étrangers que l'Espagne à toute institution constitutionnelle, et qui cependant n'avoient pas subi la même décadence, j'expliquerai facilement cette différence, en prouvant que ces états avoient conservé une sorte de liberté incertaine et sans garantie, mais réelle dans ses résultats, bien que précaire dans sa durée, et je trouverai l'occasion de produire relativement à un effet politique de la découverte de l'imprimerie, des considérations que je crois importantes et que je crois avoir été le premier à développer (1).

Il y avoit autrefois en Europe dans tous les pays des institutions mêlées de beaucoup d'abus, mais qui, donnant à de certaines classes des priviléges à défendre et des droits à exercer, entretenoient dans ces classes une activité qui les préservoit du découragement et de l'apathie; c'est à cette cause qu'il faut attribuer l'énergie des caractères jusqu'au seizième siécle, énergie dont nous ne trouvions plus

(1) De l'Esprit de conquête. 1814.

aucun vestige, avant la révolution qui a ébranlé les trônes et retrempé les ames. Ces institutions ont été par-tout détruites ou tellement modifiées qu'elles ont perdu presque entièrement leur influence. Mais vers le même temps où elles se sont écroulées, la découverte de l'imprimerie à fourni aux hommes un moyen nouveau de s'intéresser à leur patrie; elle a fait jaillir une source nouvelle de mouvement intellectuel.

Dans les pays où le peuple ne participe point au gouvernement d'une manière active, c'est-à-dire, par-tout où il n'y a pas une représentation nationale librement élue et revêtue de prérogatives imposantes, la liberté de la presse remplace en quelque sorte les droits politiques. La partie éclairée de la nation s'intéresse à l'administration des affaires, lorsqu'elle peut exprimer son opinion, sinon directement, au moins sur les principes généraux du gouvernement. Mais lorsqu'il n'y a dans un pays ni liberté de la presse ni droits politiques, le peuple se détache entièrement des affaires publiques; toute communication est rompue entre les gouvernants et les gouvernés. L'autorité, pendant quelque temps, et les partisans de l'autorité peuvent regarder cela comme un avantage. Le gouvernement ne rencontre point d'obstacles: rien ne le contrarie; mais c'est que lui seul est vivant, la nation est morte. L'opinion publique est la vie des états; quand l'opinion publique est frappée dans son principe, les états dépérissent et tombent en dissolution. En conséquence, remarquez-le bien, depuis la découverte de l'imprimerie, certains gouvernements ont favorisé la manifestation des opinions par le moyen de la presse. D'autres ont toléré cette manifestation : d'autres l'ont étouffée. Les nations chez lesquelles cette occupation de l'esprit a été encouragée ou permise, ont seules conservé de la force et de la vie. Celles dont les gouvernements ont imposé silence à toute opinion ont perdu graduellement tout caractère et toute vigueur.

Tel avoit été le sort de l'Espagne, soumise, plus qu'aucune autre contrée de l'Europe, au despotisme politique et religieux. Au moment où la liberté constitutionnelle fut ravie aux Espagnols, aucune carrière nouvelle ne s'étant offerte à l'activité de leur pensée, ils se résignèrent et s'assoupirent. L'état en porta la peine. L'arrêt de son dépérissement fut prononcé.

Il ne faut pas croire que les gains du commerce, les profits de l'industrie, la nécessité même de l'agriculture soient un mobile d'activité suffisant pour les hommes. L'on s'exagère souvent l'influence de l'intérêt personnel. L'intérêt est borné dans ses besoins et grossier dans ses jouissances ; il travaille pour le présent sans jeter ses regards au loin dans l'avenir. L'homme dont l'opinion languit étouffée n'est pas long-temps excité même par son intérêt ; une sorte de stupeur s'empare de lui, et comme la paralysie s'étend d'une portion du corps à l'autre, elle s'étend aussi de l'une à l'autre de nos facultés.

Les dépositaires du pouvoir voudroient que leurs sujets fussent passifs pour la servitude et actifs pour le travail, insensibles à l'esclavage et ardents à toutes les entreprises qui ne tiennent point à la politique, serfs résignés et instruments habiles. Cette réunion de qualités contraires ne sauroit durer; il n'est pas donné à l'autorité d'endormir ou de réveiller les peuples suivant ses convenances ou ses fantaisies momentanées. La vie n'est pas une chose qu'on ôte et qu'on rende tour-à-tour; les facultés de l'homme se tiennent: les lumières s'appliquent à tout; elles font faire des progrès à l'industrie, à tous les arts, à toutes les sciences, puis analysant ces progrès, elles étendent leur propre horizon. Mais elles ont pour principe la pensée; si vous la découragez sur elle-même, elle ne s'exercera plus sur aucun objet qu'avec langueur: l'on diroit qu'indignée de se voir repoussée de la sphère qui lui est propre, elle veut se venger par un noble suicide de l'humiliation qui lui est infligée. L'existence humaine attaquée dans son centre sent bientôt le poison s'étendre jusqu'aux parties les plus éloignées. Vous croyez n'avoir fait que la borner dans quelque liberté superflue, ou lui retrancher quelque pompe inutile; votre arme empoisonnée l'a blessée au cœur. L'intelligence de l'homme ne sauroit être stationnaire; si vous ne l'arrêtez pas, elle avance: si vous l'arrêtez, elle recule; elle ne peut demeurer au même point. Il arrive donc que les gouvernements, qui veulent tuer l'opinion et croient encourager l'intérêt, se trouvent, à leur grand regret, par une opération double et maladroite, les avoir tués tous les deux, et le mouvement s'affoiblit bientôt dans l'autorité même. La léthargie d'une nation où il n'y a point d'opinion publique se communique à son gouvernement; n'ayant pu la tenir éveillée, il finit par s'endormir avec elle. Ainsi tout se tait, tout s'affaisse, tout dégénère et dépérit.

Tel fut, je le répète, le sort de l'Espagne; et ni la beauté du climat, ni la fertilité du sol, ni la domination de deux mers, ni les richesses du Nouveau-Monde, ni, ce qui étoit bien plus encore, les facultés éminentes de cette nation maintenant admirable, ne purent l'en sauver.

Il est si vrai que c'étoit le gouvernement qui pesoit de la sorte sur ce peuple, qu'aussitôt qu'une invasion étrangère eut suspendu l'action de ce gouvernement, l'énergie de la nation reparut tout entière. Ce que n'avoient pu les cabinets coalisés de l'Europe, ce qu'avoient essayé vainement l'habileté routinière de l'Autriche, l'ardeur belliqueuse de la Prusse, les Espagnols le firent, sans rois, sans généraux, sans trésors, sans armées, abandonnés, désavoués de tous les souverains, ayant à repousser non seulement Bonaparte et la valeur françoise, mais la coopération docile et zélée des princes qu'il avoit réduits ou admis au rang de ses vassaux.

Des écrivains de parti ont attribué tant d'héroïsme à la religion, aux mœurs antiques, aux doctrines transmises scrupuleusement d'un siécle à l'autre, et sur-tout à l'absence des idées qu'ils appeloient révolutionnaires : mais la religion, les mœurs antiques, les doctrines héréditaires, n'avoient pas empêché la puissance espagnole de déchoir, l'industrie de languir, la gloire de s'éclipser. C'est que chaque Espagnol, courbé sous le joug, s'étoit détaché de sa propre destinée sur laquelle sa volonté ne pouvoit influer. Remis en possession par une révolution imprévue de sa part naturelle d'influence, investi du droit de défendre sa patrie et de se défendre, chaque Espagnol a senti sa force renaître et son enthousiasme s'allumer. L'absence du gouvernement rendant à tous les individus la plénitude de leurs facultés, la plénitude de ces facultés s'est aussitôt retrouvée. Aucune vertu, aucun talent n'a manqué à l'appel : tant la lutte la plus inégale est préférable à l'asservissement !

Voulez-vous une preuve additionnelle de cette importante vérité ? Une fatalité déplorable a fait succéder à cette lutte animée, à ces victoires patriotiques, une administration oppressive. Des délateurs et des courtisans, race ennemie des rois et des peuples, ont trompé un monarque qu'égaroit l'inexpérience et que les préjugés dominoient. Soudain l'apathie, l'affaissement, le dégoût du travail, la stagnation de l'industrie, l'interruption du commerce, la chute du crédit, tous les symptômes de décadence et de ruine qui avoient signalé le déclin de l'ancienne Espagne ont reparu dans l'Espagne délivrée de l'étranger. Cependant les causes auxquelles on prétendoit rapporter ses triomphes n'avoient rien perdu de leur intensité. L'Espagne possédoit et son culte exclusif, et son attachement aux mœurs de ses ancêtres. Mais la liberté l'avoit quittée : elle y est revenue et déja se rouvrent par elle toutes les sources de prospérité.

Tandis que j'écris ainsi sur l'Espagne, une réflexion se présente à moi : pourquoi la tairois-je ?

Au moment où une nation magnanime qui vient de briser ses fers associe à sa délivrance le roi qui la gouverne; au moment où ce roi lui-même par des serments solennels consacre le nouveau pacte social, d'où vient qu'en d'autres lieux de l'Europe quelques hommes semblent avoir pris à tâche d'étouffer les germes du bien, d'éterniser les haines et de ressusciter les soupçons? Comment se fait-il qu'en France, organes de je ne sais quelle faction, ambassadeurs créés par eux-mêmes, ou missionnaires de je ne sais quel pouvoir occulte, ils osent offrir au prince qu'ils compromettent de coupables secours, et poursuivre un monarque constitutionnel d'une insolente et hypocrite pitié? Ignorent-ils que c'est ainsi que les étrangers ont causé la perte du malheureux Louis XVI? Ont-ils oublié que leurs folles menaces, leurs intelligences prétendues, leurs pamphlets incendiaires, ont favorisé les ennemis plus directs, mais non plus dangereux de la royauté (1)? Assis en sûreté loin du théâtre des agitations et des périls, peu leur importe quels abymes ils creusent sous les pas des nations et autour des trônes.

Espagnols éclairés et généreux, ces hommes vous ont déja causé bien des maux. Dès 1814 ils ont prêché perpétuellement à vos princes et la légitimité du pouvoir absolu et la justice des moyens affreux nécessaires pour le conserver. Leur opinion sembloit

(1) J'ai développé cette idée, il y a quelques mois, dans un article de *la Minerve*, intitulé : *Des complots des contre-révolutionnaires de France contre la vie et la sûreté du roi d'Espagne.*

désintéressée. Qui peut déterminer l'autorité qu'elle a dû avoir? leur voix venoit de loin : on l'eût dit impartiale, comme celle d'une postérité équitable. Qui peut savoir jusqu'à quel point elle n'a pas influé sur vos malheurs?

De tous vos ennemis ces hommes sont les plus inexcusables, les seuls inexcusables peut-être. C'est sans passion, sans intérêt immédiat, c'est froidement qu'ils applaudissoient aux persécutions, aux tortures, aux supplices de vos défenseurs. Que sur eux retombe le sang des victimes!

Vous suivrez en paix, malgré ces adversaires méprisables et perfides, votre noble carrière. Vous savez que la liberté a pour base la justice; que, pour fonder une monarchie constitutionnelle, il faut respecter son premier principe, l'inviolabilité du monarque; que la volonté de la majorité n'est légitime que lorsqu'elle ne blesse la minorité dans aucun de ses droits. Vous savez aussi, par une immortelle et glorieuse expérience, que votre volonté suffit contre l'Europe liguée. Vous avez résisté à Bonaparte : le ciel ne créera pas un second Bonaparte. Les généraux vaincus par Napoléon qui n'a pu vaincre l'Espagne, ne seroient pas plus heureux contre elle que celui devant lequel ils ont succombé. S'il en est un dont le succès ait accompagné ces étendards, c'est qu'il défendoit une cause sainte; abjurant cette cause, il perdroit sa force, et Salamanque et Ciudad-Rodrigo ne seroient plus témoins que de sa honte et de ses revers.

CHAPITRE XI.

Des observations de Filangieri sur la France.

« Si nous passons de l'Espagne à la France, nous verrons « encore une nation qui, après avoir dominé en Europe... « a trouvé... dans l'ignorance de ses législateurs le prin- « cipe de sa décadence. »

Liv. I, chap. III, p. 56.

Filangieri commet à l'égard de la France une faute analogue à celle que j'ai déja fait apercevoir dans ses réflexions sur l'Espagne. De même qu'il attribue la décadence de ce dernier royaume à l'expulsion des Maures, et à de mauvaises lois commerciales, il assigne pour cause au dépérissement du premier la révocation de l'édit de Nantes, et les encouragements exclusifs donnés par Colbert à l'industrie, sans égards et sans ménagements pour l'agriculture.

Colbert est incontestablement tombé dans beaucoup d'erreurs, et l'on se doute bien, d'après mes principes sur la neutralité que les gouvernements doivent observer dans tout ce qui regarde l'industrie, le commerce et les spéculations individuelles, que je ne me constituerai pas l'apologiste de ce ministre jadis si vanté. La révocation de l'édit de Nantes fut aussi un grand crime et un acte de délire. Mais ni Colbert n'auroit pu se livrer sans réserve à ses théories trompeuses, sur la nécessité de donner aux manufactures une activité factice et forcée, ni Louis XIV n'auroit pu bannir les protestants d'une patrie qu'ils enrichissoient, si la France eût été garantie par une constitution libre et contre le despotisme des rois et contre les conceptions fantastiques des ministres.

Plusieurs différences néanmoins existent entre la France et l'Espagne et méritent d'être remarquées.

L'oppression intellectuelle n'a jamais pesé sur nous au même degré que sur nos voisins au-delà des Pyrénées. La totalité des François n'a été complétement privée des droits politiques que sous Richelieu: et j'ai déja dit, dans le chapitre précédent, que des institutions défectueuses, mais investissant des classes puissantes de certains priviléges qu'elles sont sans cesse occupées à défendre, ont, au milieu de beaucoup d'inconvénients, cet avantage qu'elles ne laissent pas la nation entière se dégrader et s'abatardir. Le commencement du régne de Louis XIV fut agité par la guerre de la Fronde, guerre puérile à la vérité, mais qui étoit le reste d'un esprit de résistance accoutumé à l'action, et continuant à agir presque sans but. Le despotisme s'accrut beaucoup vers la fin de ce régne. Cependant l'opposition se maintint toujours, se réfugiant dans les querelles religieuses, tantôt des calvinistes contre le catholicisme, tantôt des catholiques entre eux. La mort de Louis XIV fut l'époque du relâchement de l'autorité. La liberté des opinions gagna chaque jour du terrain.

Je ne veux point dire que cette liberté s'exerça de

la manière la plus décente et la plus utile : je veux dire seulement qu'elle s'exerça, et que de la sorte on ne peut mettre les François à aucune époque, jusqu'à la révolution de 1789, parmi les peuples condamnés à un asservissement complet et à une léthargie morale.

Cependant il est certain que, dans le temps où écrivoit Filangieri, la France étoit tombée de son rang, déchue de sa puissance, et que son caractère national étoit altéré.

Mais d'où provenoit ce dépérissement, cette altération, cette décadence?

Il est facile et commode d'attribuer des effets généraux à des causes partielles. Les ennemis de la liberté se plaisent beaucoup dans cette manière de résoudre les difficultés, parceque, toutes les fois qu'on remonte aux principes, la nécessité de la liberté apparoît soudain, tandis que si l'on prend, pour solution du problème, tel détail, tel individu, tel accident, cela ne tire point à conséquence.

Les uns vous diront donc que l'affoiblissement de la France dans le dernier siècle a tenu aux guerres malheureuses dans lesquelles, vers la fin du siècle précédent, Louis XIV s'étoit engagé.

Les autres accuseront de cet affoiblissement la corruption que la régence introduisit dans toutes les classes, et le peu de résistance opposée aux progrès de cette corruption par les successeurs de Louis XIV, qui, voluptueux, indolents ou foibles, se montrèrent incapables d'exercer dans sa plénitude l'autorité royale.

Mais il en est de ces explications comme de toutes celles qui ne s'élèvent pas assez haut.

Les guerres de la vieillesse de Louis XIV furent la cause la plus prochaine des maux de la France. Mais si ce pays avoit possédé des institutions constitutionnelles, Louis XIV n'auroit pu ni entreprendre ces guerres inutiles, ni persister dans ces agressions téméraires qui devoient attirer sur lui les forces réunies de toute l'Europe. Il n'auroit pas dépendu d'un de ses ministres de l'entraîner dans de semblables expéditions, pour le distraire de ses mécontentements les plus passagers et les plus frivoles.

Quant à la corruption dont on accuse les successeurs de Louis XIV d'avoir donné l'exemple et favorisé ou toléré les progrès; cette corruption fut la suite nécessaire de l'oppression morale que Louis XIV dans sa décrépitude avoit exercée sur une nation déja trop éclairée pour la supporter: la réaction fut proportionnée à l'action. Même avant la mort de Louis XIV cette réaction s'annonçoit. Les mémoires du temps nous parlent de lettres interceptées, *offensantes également à Dieu et au Roi* (1) : ces lettres étoient écrites par des courtisans qui vivoient sous sa férule; mais le vieux prince pesoit sur sa vieille cour qui, elle-même, imposoit la dissimulation et la fraude à la génération naissante. Le roi mourut : le torrent auquel son despotisme opposoit des digues les renversa toutes. Le raisonnement se dédommagea par la divagation et l'audace de la con-

(1) Lettres de madame de Maintenon.

trainte qu'il avoit impatiemment subie. L'on peut affirmer, et ce devroit être une instructive leçon pour les gouvernants, que, toutes les fois que le mensonge a régné, la vérité se venge avec usure. A peine Louis XIV avoit-il disparu que l'on vit apparoître la régence; madame de Prie remplaça madame de Maintenon, et la dépravation s'assit sur le tombeau de l'hypocrisie.

Donnez au contraire à la France une constitution libre. La superstition d'un monarque sera sans influence sur un peuple en droit de ne pas singer l'opinion du maître : et il n'y aura point de réaction vers la licence, parcequ'il n'y aura pas eu pression en faveur du faux zèle et de la bigotterie.

On peut en dire autant de la foiblesse des princes qui remplacèrent Louis XIV. Les mœurs relachées de Louis XV et l'indécision de Louis XVI auroient en Angleterre été des choses fort peu importantes, parceque le caractère personnel du roi n'est rien dans un régime constitutionnel.

Je dirai plus. Il est heureux que les successeurs de Louis XIV aient eu ce relâchement de mœurs et cette foiblesse ; car c'est à cette cause que tient la différence que j'ai remarquée entre la France et l'Espagne, et qui est toute à l'avantage de la première. Si Louis XIV avoit comme Charles-Quint été remplacé par un prince sévère, ombrageux, assez habile pour opprimer la nation sans la soulever, il est probable que la France seroit tombée dans la stupeur et dans l'apathie. Sous ce rapport, nous devons nous féliciter peut-être des orgies de la régence et de l'immoralité de la cour de Louis XV. La licence des grands vint au secours et tourna au profit de la liberté du peuple.

L'Espagne, sous un gouvernement sérieux, oppressif, et secondé par une inquisition implacable, perdit toute activité et tout intérêt à la chose publique ; la France, sous un régime arbitraire, mais inconséquent, frivole et contrarié par une opinion qui trouvoit mille issues pour s'échapper, conserva de l'intérêt à la chose publique, en conservant sinon le droit, du moins la faculté de s'en occuper; et si les deux monarchies dépérirent, ce fut d'une manière diverse, chacune conformément à la cause de son dépérissement.

L'Espagne paralysée n'a été durant les deux siécles de sa léthargie d'aucune ressource, ni pour elle-même ni pour l'Europe, malgré les qualités sublimes qui étoient comme enfouies dans le caractère de ses habitants. La France, dans son abaissement le plus profond, a répandu autour d'elle les lumières, entretenu dans les écrits la vie intellectuelle, et donné enfin la première le noble signal de la liberté.

CHAPITRE XII.

De la décadence annoncée par Filangieri à l'Angleterre.

« L'Angleterre est aujourd'hui sur le bord de sa ruine, et sa « décadence subite a sa source dans les erreurs de ses lois. »
Liv. I, chap. III, p. 57.

Toutes les observations de Filangieri sur les vices des lois angloises, sur l'absurdité et la cruauté des prohibitions commerciales en vigueur dans la patrie d'Adam Smith, sur l'inégalité et l'injustice des relations que l'Angleterre avoit établies, et qu'elle a voulu perpétuer entre elle et ses colonies, sont d'une vérité évidente. La législation de cette île célébre, dans tout ce qui a rapport à l'industrie, aux manufactures, à la fixation du prix des journées, en un mot à l'existence de l'homme réduit à vivre de son travail, ressemble à une conspiration permanente de la classe puissante et riche contre la classe pauvre et laborieuse. Des preuves sans nombre seroient faciles à rassembler. On ne sauroit ouvrir les statuts d'Angleterre, même en laissant de côté les temps barbares, et en ne consultant ces statuts que depuis le régne d'Élisabeth jusqu'à nos jours, sans voir les rigueurs, les supplices et la mort, prodiguées à des actions qu'il est impossible de considérer comme des crimes. L'exportation d'un bélier ou d'un agneau emporte la confiscation des biens, la perte de la main gauche, et pour la récidive celle de la vie. Quiconque approche de la côte avec de la laine brute est atteint d'une peine non moins sévère, comme soupçonné d'avoir voulu faire passer à l'étranger une matière non encore ouvrée. Si des ouvriers qui expirent de misère avec leurs familles, se concertent pour obtenir des salaires proportionnés au prix des denrées, ils sont châtiés comme des rebelles. Dans ce pays que chacun de ses habitants se vante de pouvoir parcourir en liberté, l'indigent pour passer d'une paroisse à l'autre, a besoin du consentement de celle où il veut s'établir, de peur que, dépourvu de moyens de subsistance, il ne tombe à la charge de ses nouveaux concitoyens. La femme enceinte, le vieillard, l'orphelin, rencontrent ainsi à chaque pas, dans leur propre patrie, des barrières factices qui la transforment pour eux en une contrée inhospitalière, où la pauvreté se voit proscrite, parceque la propriété a conservé la férocité primitive de l'usurpation.

Il n'est pas étonnant qu'indigné de ce spectacle, Filangieri ait cru reconnoître des causes de ruines, là où se déployoient tant d'iniquités. Il y a néanmoins plus de quarante ans qu'il prédisoit à l'Angleterre une décadence prochaine et inévitable. Ses prédictions ont été répétées chaque année par des écrivains d'opinion diverse, les uns de bonne foi, les autres attaquant l'Angleterre dans ce qu'elle a de mauvais pour décréditer ce qu'elle a de bon.

Ces prophéties lugubres ne s'étant point réalisées, nous tombons aujourd'hui, je le pense, dans un autre extrême, et nous imaginons que, parceque l'Angleterre a été long-temps menacée sans être atteinte, elle est pour jamais à l'abri des conséquences de ses vicieuses institutions.

Ce sujet est d'une extrême importance, non seulement sous le point de vue de la doctrine, mais sous le rapport des destinées futures de la république européenne. Deux puissances se disputent l'Europe comme une proie. Ces deux puissances sont l'Angleterre et la Russie.

Je n'ai point à m'occuper ici de ce que deviendroit l'Europe sous l'influence russe. Dépendre de la Russie, c'est dépendre d'un individu. Tout ce qui repose sur une tête n'est que viager. Gouvernée par des princes absolus, la Russie ne sauroit avoir sous deux générations impériales un système identique. Ce qu'un prince absolu a commencé, son successeur l'abandonne : ce que le premier a menacé, le second l'épargne ou le protége. Les faits nous prouvent cette vérité. Vers la fin de la guerre de sept ans, la mort d'une impératrice sauva la Prusse; et au commencement de ce siècle, la versatilité d'un empereur auroit sauvé la France, si une ambition déréglée n'avoit été provoquer la Russie jusqu'au milieu de ses frimas. Ainsi l'influence russe auroit pour l'Europe cet inconvénient particulier, que les rois, vassaux de ce géant, à peine civilisé, seroient les jouets d'incalculables caprices. S'ils achetoient par leur soumission son assistance contre leurs peuples, ils se verroient bientôt les victimes et les dupes de ce honteux traité. Mais, encore une fois, cette question est étrangère à celle qui m'occupe. C'est de l'influence angloise que je dois traiter maintenant.

L'Angleterre est dans une position tout-à-fait différente de celle de la Russie. Ses institutions constitutionnelles lui donnent tous les avantages d'un gouvernement aristocratique. Le roi est dans la constitution britannique ce que doit être le pouvoir suprême, un modérateur élevé au-dessus de la sphère des agitations, et apaisant, désarmant, ou départageant les autres pouvoirs. La véritable action journalière est dans le ministère, réunion d'hommes toujours plus ou moins distingués par le talent ou par l'expérience, à l'abri, comme corps collectif des vicissitudes de l'hérédité qui amène tour-à-tour l'enfance et la vieillesse, la foiblesse et la violence, la pusillanimité et la présomption; formant, en un mot, une espèce de sénat, constant dans ses vues, uniforme dans sa marche, et préservé par sa composition de la versatilité et des caprices, inséparables d'une succession d'individus qui se remplacent par droit de naissance.

Quelles qu'aient toujours été les divisions des partis, le gouvernement anglois, en passant des mains d'un de ces partis dans celles de l'autre, n'a jamais en réalité dévié de son principe aristocratique. Le ministère whig de Chatham n'étoit pas il y a cinquante ans plus cosmopolite, ou moins jaloux de la prospérité et des droits du continent, que ne l'est aujourd'hui le ministère tory de lord Castelreagh. Il y avoit certainement dans le premier quelque chose de noble, de large, de généreux, qu'on ne remarque point dans le second. Les doctrines de la liberté, restreintes même à l'intérieur, donnent toujours cette couleur à qui les professe. Mais quand, rentré dans les rangs des opposants, le père de M. Pitt réclamoit pour l'Amérique opprimée, il s'écrioit encore : Paix avec l'Amérique et guerre avec l'Europe! c'est que le continent de l'Europe est pour les Anglois de toutes les opinions, non point une réunion de pays alliés, peuplés d'êtres de la même nature, mais un objet continuel de spéculations plus ou moins machiavéliques; et s'ils ne le traitent pas comme celui de l'Inde, c'est que nous sommes des Indiens trop habiles et trop aguerris pour eux.

La question de savoir si la décadence de l'Angleterre n'est qu'une chimère, ou si le moment approche où cette décadence se réalisera, est donc, je le répète, d'une importance extrême. C'est la question de l'indépendance commerciale, industrielle, et même politique de l'Europe. Mais je dois remarquer que je n'entends pas seulement par décadence un affoiblissement momentané, contre lequel les institutions constitutionnelles de l'Angleterre réagiroient toujours; j'entends une destruction de ces institutions et de l'ordre social qui repose sur elles, et par là même un coup mortel porté à sa prospérité au-dedans et à son influence au-dehors.

Les causes que les écrivains, qui prédisent la chute de l'Angleterre, allèguent d'ordinaire comme devant produire ce résultat sont au nombre de deux : 1° la misère de la classe laborieuse; 2° l'énormité de la dette publique.

La misère de la classe laborieuse ne peut être niée, et les lois de l'Angleterre sont à cet égard aussi absurdes qu'atroces : elles pèsent sur l'indigence ; elles lui disputent l'usage légitime de ses facultés et de ses forces ; elles éternisent sa souffrance, car elles lui enlévent tout moyen de parvenir à une position plus heureuse. En conséquence, dans un moment où d'autres causes améneroient une grande crise, l'effet de ces lois désastreuses seroit incontestablement d'ajouter aux désordres et aux calamités de cette crise. Mais les vices de ces lois, quelque grands qu'ils soient, ne produiront point à eux seuls la convulsion qu'ils aggraveront, si elle vient d'ailleurs.

La classe pauvre est toujours divisée. Poursuivie par des besoins qui renaissent à toutes les heures, elle céde au premier espoir qu'on lui donne de satisfaire, ne fût-ce qu'à moitié, ses pressants besoins. La faim, qui est le motif de ses soulévements, la force en même temps à se rendre à toutes les tentations qu'on lui présente. Livrée à elle-même, cette classe infortunée, contre laquelle toutes les autres conspirent, peut agiter ses fers, mais non les briser ; elle les reprend, après en avoir frappé ses maîtres, et n'est redoutable que lorsque des rangs plus élevés lui fournissent des chefs.

Or, en Angleterre, ces rangs plus élevés sont tous ligués contre cette classe malheureuse. Dans un pays où la liberté politique existe, et où les personnes et les propriétés n'ont rien à craindre de l'arbitraire, tous ceux qui possédent quelque chose se coalisent en faveur de l'ordre établi, dès que l'anarchie se présente. De la sorte, les institutions constitutionnelles des Anglois les préservent des suites de leurs erreurs industrielles et commerciales, ce qui rend d'autant plus étrange la folie de ces publicistes qui nous proposent à-la-fois d'emprunter les lois prohibitives de ce peuple, et nous invitent à nous préserver de son système constitutionnel.

D'ailleurs, parmi les mesures et les précautions prises pour contenir la classe inférieure, s'il y en a plusieurs qui sont hostiles et rigoureuses, il y en a aussi qui consistent en adoucissements et en palliatifs, d'une efficacité au moins passagère.

Ainsi la taxe des pauvres, taxe si fâcheuse à beaucoup d'égards, et dont l'Angleterre s'affranchiroit soudain par un retour aux principes de la liberté industrielle, est une espéce de restitution consentie par le monopole en faveur de ceux qu'il dépouille de leurs droits : c'est une amende au prix de laquelle les prohibitions achétent la prolongation de leur existence. Cette taxe, bien qu'insuffisante, entretient l'espérance du pauvre, et par là calme son irritation.

J'ajouterai que, malgré son attachement à ses réglements vexatoires, l'Angleterre s'est un peu relâchée depuis un siécle de ses anciennes entraves contre l'industrie. Ses lois les plus barbares sont rarement exécutées, et les tribunaux accueillent avec faveur les distinctions subtiles tendant à soustraire aux statuts prohibitifs le plus de métiers qu'il leur est possible. Les apprentissages, par exemple, établis par Élisabeth, ont été restreints aux professions qui existoient sous son régne (1). Ainsi la liberté, sous ce rapport, gagne du terrain, et les lois industrielles, adoucies ou éludées, ne doivent pas être regardées comme une cause directe et immédiate de révolution.

Il en est de même de l'énormité de la dette publique, énormité dans laquelle Filangieri et tous les écrivains qui ont parcouru après lui la carrière de l'économie politique ont vu le germe d'un bouleversement.

Cette dette est sans doute un grand fléau; son accroissement progressif doit finir par le rendre insupportable. Mais jusqu'à ce jour, la dette publique de l'Angleterre, rendant les fortunes privées solidaires en quelque sorte de celle de l'état, donne à l'ordre existant des soutiens plutôt que des ennemis. Il en sera ainsi, aussi long-temps que le gouvernement anglois aura le bon esprit de sentir que, lorsqu'une dette est considérable, il faut s'occuper de la payer bien plus encore que de la réduire, et que la réduction la plus forte n'est jamais d'un profit équivalent au moindre échec donné au crédit par les moyens employés pour espérer cette réduction. Avec ce principe, un pays peut long-temps défier tous les calculs et braver toutes les probabilités humaines. L'Angleterre, moins endettée, verroit peut-être accourir autour du pouvoir responsable et garant de sa dette bien moins de défenseurs, ou des défenseurs bien moins zélés. Mais la crainte de perdre des capitaux

(1) Il faut avoir été en apprentissage pour faire des chariots et non pour faire des carrosses. Blackstone.

lutte dans l'esprit de tous les créanciers de l'état contre le desir de reconquérir des droits, et la réforme invoquée en théorie, est repoussée en pratique, parcequ'une réforme réelle et compléte auroit peut-être pour préliminaire ou pour conséquence une banqueroute.

Ce n'est donc ni dans la misère de la classe laborieuse ni dans l'énormité de la dette que réside le danger de l'Angleterre ; c'est dans l'anéantissement, que je crois désormais inévitable, de son principe aristocratique. Ceci a besoin de développements.

L'Angleterre n'est au fond, comme je l'ai dit, qu'une vaste, opulente et vigoureuse aristocratie; d'immenses propriétés réunies dans les mêmes mains, des richesses colossales accumulées sur les mêmes têtes, une clientéle nombreuse et fidéle, groupée autour de chaque grand propriétaire, et lui consacrant l'usage des droits politiques qu'elle semble n'avoir reçus constitutionnellement que pour en faire le sacrifice; enfin, pour résultat de cette combinaison, une représentation nationale composée, d'une part, des salariés du gouvernement, et de l'autre, des élus de l'aristocratie: telle a été l'organisation de l'Angleterre jusqu'à ce jour.

Cette organisation qui paroît fort imparfaite, et même fort oppressive en théorie, étoit adoucie en pratique, tant par les bons effets de la liberté conquise en 1688, que par plusieurs circonstances particulières à l'Angleterre, et qu'on n'a pas, je pense, assez remarquées, quand on a voulu transporter ailleurs certaines institutions tenant aux priviléges, et empruntées, dans leurs modifications, de la constitution britannique. Je conviendrai même de bonne foi que je ne me suis pas toujours suffisamment préservé de cette erreur (1).

L'aristocratie angloise n'avoit jamais été, comme celle de plusieurs autres pays, l'ennemie du peuple. Appelée dans les siécles les plus reculés à revendiquer contre la couronne ce qu'elle nommoit ses droits, elle n'avoit pu faire valoir ses prétentions qu'en établissant certains principes utiles à la masse des citoyens. La grande charte, bien que rédigée au sein de la féodalité, et empreinte de beaucoup de vestiges du système féodal, consacre la liberté individuelle et le jugement par jurés, sans distinction de rangs ni de personnes.

En 1688, une grande partie de la pairie angloise avoit concouru à la révolution qui a fondé en Angleterre un gouvernement constitutionnel; et depuis cette époque, au lieu de se vouer à la domesticité et aux antichambres, cette portion de nobles étoit restée à la tête d'un parti d'opposition, qu'elle servoit de sa considération et de sa fortune, en même temps qu'elle en recevoit de la force.

Faisant ainsi collectivement de son aristocratie une des bases de la liberté, elle se concilioit en détail l'affection de la classe dépendante, par un patronage que sa durée et la fidélité avec laquelle elle en accomplissoit les devoirs avoient rendu presque

(1) Ceci s'applique sur-tout à ce que j'ai dit de la pairie dans mon ouvrage sur les constitutions et les garanties.

héréditaire. Les grandes propriétés des seigneurs anglois étoient en partie tenues à bail par de riches fermiers, qui les cultivoient de père en fils à des conditions restées depuis très long-temps les mêmes. Leurs maisons étoient remplies de nombreux domestiques que le maître payoit chèrement, et qui lui paroissoient une charge inséparable de son état. Chacun de ces grands seigneurs étoit en quelque sorte le chef d'un petit peuple, dont la fortune dépendoit de lui, et qui le servoit de son zéle et des moyens divers que chaque individu de ce peuple se trouvoit posséder (1).

Il étoit résulté de cette organisation qu'en Angleterre l'aristocratie n'étoit nullement odieuse à la masse de la nation. Les lois même qui sont émanées du parti populaire aux époques où il a tenu le pouvoir en main n'ont jamais été dirigées contre

(1) La vérité de ce tableau de l'Angleterre jusque vers la fin du siècle dernier a été contestée par quelques écrivains anglois, qui m'ont reproché d'avoir prété au temps actuel des coutumes et des institutions féodales qui n'existent plus depuis Henri VII. Assurément je ne méconnois point la distance qui sépare l'Angleterre constitutionnelle de l'Angleterre soumise à la féodalité. Mais lorsque les institutions se détruisent graduellement, les relations et les usages survivent. Les fermiers des grands propriétaires anglois n'étoient certainement pas attachés à la glèbe, il y a trente ans : mais les baux et les familles qui en jouissoient demeuroient les mêmes ; et cette stabilité formoit entre ces familles et celles des propriétaires un lien de clientèle et de patronage. Dès que les propriétaires ont vu dans la hausse des baux une spéculation, ce lien s'est trouvé rompu. Il n'y a plus eu de patrons et de clients, mais des hommes agissant également suivant leur intérêt, et dépourvus d'affections aussi bien qu'exempts de devoirs les uns envers les autres.

la noblesse. Il ne faut pas m'opposer l'abolition de la chambre des pairs durant les guerres civiles; cette mesure de révolution n'étoit point en harmonie avec le sens vraiment national. Les priviléges de la noblesse, modifiés par l'usage plus que par la loi, s'étoient conservés dans la Grande-Bretagne, sans exciter l'irritation qu'ils causent ailleurs.

La guerre de la révolution françoise a dérangé subitement cette combinaison de liberté et d'aristocratie, de clientéle et de patronage. Cette guerre, en ajoutant beaucoup au fardeau des taxes, a introduit, entre la fortune des grands et les besoins de la population qui dépendoit d'eux, une disproportion qui a rompu tout équilibre. Impatients d'une gêne à laquelle ils n'étoient point habitués, les grands et les riches ont voulu s'en affranchir. Les propriétaires ont haussé leurs baux ou changé leurs fermiers; les maîtres ont renvoyé leurs nombreux domestiques. Ils n'ont vu, dans cette manière d'agir, qu'une mesure d'économie : elle a été le germe d'un changement dans les bases de l'ordre social; et les symptômes de ce changement sont déja visibles, bien que la cause en soit ignorée.

Par-tout où la masse des nations n'est pas comprimée par une force majeure, elle ne consent à ce qu'il y ait des classes qui la dominent, que parce-qu'elle croit voir dans la suprématie de ces classes de l'utilité pour elle. L'habitude, le préjugé, une espéce de superstition, et le penchant de l'homme à considérer ce qui existe comme devant exister, prolongent l'ascendant de ces classes même après que leur utilité a cessé. Mais leur existence est alors précaire, et la durée de leurs prérogatives devient incertaine. Ainsi le clergé a vu diminuer sa puissance dès qu'il n'a plus été le seul dépositaire des connoissances nécessaires à la vie sociale : les peuples n'ont plus voulu obéir implicitement à une classe dont ils pouvoient se passer. L'empire des seigneurs a commencé à déchoir lorsqu'ils n'ont plus offert à leurs vassaux, en compensation des priviléges que ceux-ci consentoient à respecter, une protection suffisante pour les dédommager de leur soumission à ces priviléges. Les grands seigneurs anglois n'avoient ni le monopole des sciences, comme les ecclésiastiques, ni celui de la protection, comme les barons du moyen âge ; mais ils avoient celui du patronage, et ils rendoient ce monopole tolérable pour les classes inférieures, en s'attachant et se conciliant une vaste clientèle. Ils l'ont licenciée ; ils ont cru, et c'est une erreur dans laquelle l'aristocratie tombe toujours, ils ont cru qu'ils pouvoient s'affranchir des charges et garder le bénéfice. Mais les clients, repoussés par leurs patrons, se sont par là même sentis replacés sur un terrain d'égalité. Ils en ont été avertis par un instinct sourd et rapide ; et toute la disposition morale de l'Angleterre a été changée. Les anciens fermiers qui paient plus cher, ou les nouveaux fermiers qui ont remplacé les anciens, ne sont plus les dépendants des propriétaires : ce sont des hommes qui, ayant traité avec eux d'après les lois, ne reconnoissent pour intermédiaires que ces lois au nom desquelles on leur a imposé récemment des conditions plus onéreuses. Les serviteurs renvoyés ont renforcé la classe qui n'a rien à perdre, classe déja très nombreuse en Angleterre, à cause de ses détestables lois prohibitives, et de ses *parish laws* (lois de paroisse) si horribles contre les pauvres. De la sorte, une grande portion du peuple, qui étoit autrefois le soutien de l'aristocratie, en est devenue l'adversaire.

Ce premier résultat du licenciement de la classe dépendante en a produit un second, et ces deux effets se sont accrus l'un par l'autre.

Jusqu'à ce jour une portion de l'aristocratie défendoit franchement la liberté. Se sentant à l'abri des orages populaires, il lui étoit agréable de limiter à son profit la puissance du trône. Les nobles de l'opposition étoient flattés de se montrer les tribuns d'un peuple qu'ils dirigeoient. Aujourd'hui cette portion même de l'aristocratie britannique s'aperçoit que le gouvernail lui a échappé, et s'effraie des principes démocratiques qui font des progrès. En conséquence sa marche est incertaine. Elle ne demande plus tout ce qu'elle demandoit, et elle ne desire pas tout ce qu'elle demande. Par exemple, de tous les anciens whigs qui avoient débuté par réclamer la réforme parlementaire, il y en a bien peu qui en parlent encore, et il n'y en a pas un, j'ose le dire, qui l'effectuât, s'il le pouvoit par un acte de sa volonté. Aussi l'opposition, proprement dite, a-t-elle perdu la confiance de la masse. C'est un inconvénient: ceux qui veulent conduire le peuple au-delà des bornes, profitent de ce qu'il n'a qu'eux pour chefs.

Pour faire concevoir toute l'étendue et toute l'importance d'un tel changement, une seule observation suffira.

Le moment de la plus grande détresse de l'Angleterre a été celui de la cessation de la guerre à laquelle la paix de 1814 a mis un terme. La guerre avoit été la cause de cette détresse ; mais la paix en a été le signal.

Durant la guerre, l'activité angloise s'étoit dirigée vers des genres d'industrie et vers des spéculations qui avoient pour base une lutte gigantesque contre Bonaparte et les rois ses vassaux. Une population d'entrepreneurs, de manufacturiers, d'armateurs, de contrebandiers même, population militaire en quelque sorte, s'étoit formée : elle avoit remplacé la population manufacturière et industrieuse des époques paisibles, et étoit aussi venue au secours de la partie de cette population qui restoit sans emploi direct, en l'associant, par des voies détournées, à ses entreprises et à ses profits. Sa prodigieuse activité, nécessitée et favorisée par les circonstances, non seulement faisoit illusion, mais en réalité réparoit au jour le jour les inconvénients d'une position pareille. De là cette espèce de prodige qui a fait que plus l'Angleterre a eu d'ennemis, plus elle a semblé croître en force et en puissance.

La paix est venue. L'activité a dû cesser momentanément avec la guerre qui l'avoit créée et qui seule l'alimentoit ; elle a dû cesser avant d'être remplacée par d'autres spéculations et une autre industrie, parceque les canaux depuis long-temps négligés ne pouvoient se rouvrir immédiatement, ni la direction des capitaux changer aussi vite qu'on signoit un traité. Par là même les taxes sont devenues intolérables. Ce qui avoit aidé à les supporter, c'étoit la circulation rapide des capitaux employés dans les entreprises de la guerre, et les profits non moins rapides de ces capitaux. Ces ressorts n'agissant plus, non seulement les taxes devoient écraser ceux qui les payoient; mais ces derniers n'ayant plus de quoi occuper la classe laborieuse, il devoit en résulter aussi pour cette classe une misère affreuse : c'est ce qui est arrivé.

A cette époque, des attroupements, réduits aux extrémités les plus désastreuses, ont eu lieu dans diverses provinces et jusque dans le voisinage de Londres. Ces attroupements, vu la vigueur qu'une longue liberté donne toujours à une constitution, n'ont point mis l'état en péril; mais dans tout autre pays ils auroient fait craindre une anarchie compléte. Les paysans entroient par bandes dans la capitale pour demander du pain; les charbonniers, s'attelant eux-mêmes à leurs chariots, partoient de divers comtés pour implorer le prince régent. Toutefois, dans une pareille crise, lorsque les ouvriers étoient sans ouvrage, les manufacturiers sans consommateurs, les propriétaires sans revenu, les pauvres sans aliments; lorsque des rassemblements, poussés par la faim à des pillages partiels et mal concertés, bravoient des peines égales à celles qu'auroient attirées sur eux des délits politiques, aucune parole de rebellion n'a été prononcée, aucun signe de sédition arboré : le peuple, au désespoir, entraîné par la misère à beaucoup d'actes irréguliers, a paru néanmoins complétement étranger à toute intention de se soulever contre l'autorité et de porter la moindre atteinte à la constitution de l'état.

L'année suivante, au contraire, bien que la détresse eût diminué, que le peuple eût retrouvé des ressources, le pauvre du travail, des conspirations ont éclaté, des associations dangereuses ont été signalées, et l'on a découvert qu'un assez grand nombre d'hommes de la classe inférieure nourrissoit des desirs et des projets de bouleversement, et vouloit courir les hasards d'une révolution sans direction, sans but fixe et sans terme.

J'admets qu'on ait exagéré la gravité des symptômes. L'affreux expédient d'envoyer des espions agiter des esprits ignorants et proposer la révolte pour la dénoncer, a concouru à ces mouvements désordonnés. Des misérables ont séduit ceux qui ont eu le malheur de les écouter, et probablement aussi ils ont accusé ceux qu'ils n'avoient pu séduire. Comme on avoit pris des mesures extraordinaires, il a fallu donner le plus de vraisemblance qu'on a pu à des hypothèses alarmantes ; mais il y a eu pourtant un fond de réalité dans ces hypothèses.

C'est que l'état moral de l'Angleterre a changé. Le licenciement de la clientéle, l'abdication du patronage (car c'est abdiquer le patronage que n'en plus vouloir remplir les obligations), ont amené une modification dans l'ordre social. L'aristocratie angloise a fait contre elle-même ce que la puissance royale avoit fait dans d'autres pays contre l'aristocratie.

Voilà la cause d'une révolution possible et peut-être prochaine. Cette cause n'existoit pas lorsque Filangieri écrivoit. Malgré les vices de son système prohibitif, malgré l'énormité de sa dette, l'Angleterre étoit encore inexpugnable dans ses institutions, parceque ses institutions étoient d'accord avec les intérêts et les opinions qui se forment toujours d'après les intérêts de la masse.

Aujourd'hui ces institutions sont en opposition directe avec ces intérêts; il est difficile qu'elles leur résistent.

Ce qui les sauve encore, c'est le droit que, malgré des lois souvent oppressives, l'opposition a conservé de se manifester dans toute sa violence. Elle s'évapore par cette manifestation. Comprimée, elle produiroit une explosion terrible, et le gouvernement, qui s'afflige de n'avoir pas contre elle des moyens suffisamment répressifs, doit son salut à l'impuissance même qu'il déplore.

En comparant ces observations à celles de Filangieri, on trouvera, je pense, que ces dernières, déja inexactes et superficielles au moment où l'auteur italien les rédigeoit, sont totalement inapplicables à l'état présent des choses.

Le danger qui menace l'Angleterre ne prend sa principale source ni dans la misère d'une portion nombreuse de sa population, ni dans l'accroissement de sa dette. Ce danger provient de ce que, la base de ses institutions étant l'aristocratie, du moment que cette base est ébranlée, ces institutions doivent chanceler. En conclura-t-on qu'il faut raffermir l'aristocratie? on l'essaieroit en vain. On ne remonte pas le torrent; il faut le suivre en dirigeant le navire de manière à n'être pas brisé contre les écueils. Il faut que l'Angleterre conserve ce qui est bon dans son organisation actuelle, une représentation nationale, la liberté des discussions, celle de la presse, les garanties judiciaires. Il faut qu'elle renonce à sa concentration des propriétés qui crée des millions de prolétaires, et à son aristocratie qui n'a plus de clientèle, ni par conséquent d'utilité.

P. S. Pendant l'impression de cet ouvrage, plusieurs faits se sont réunis pour corroborer mes assertions.

Des associations agricoles, composées de riches propriétaires, ont pris, sur divers points du royaume, des résolutions qui, toutes, sous des formes différentes, et d'une manière plus ou moins directe, aboutissent à une proposition de banqueroute.

Parmi ces résolutions, celles de l'association agricole du comté de Worcester, présidée par sir Thomas Winnington, méritent une attention sérieuse.

Il a été résolu unanimement dans cette assemblée:

1° Que la détresse de l'agriculture et la souffrance des intérêts agricoles ont été pleinement prouvés;

2° Que le comité de la chambre des communes s'oppose à tout remède efficace, en posant pour principe que la cause de cette détresse a été l'élévation des prix occasionée par le cours forcé du papier-monnoie, et en supposant qu'aujourd'hui ces prix redescendront naturellement au niveau que ce concours du papier-monnoie avoit dérangé;

3° Que l'opinion de l'association est que les prix de tous les objets, production, travail et rentes, ont doublé depuis l'existence du papier-monnoie; que l'accroissement des taxes est fondé sur ces prix doubles, et que la masse de la dette nationale et des dettes et obligations particulières a été contractée d'après le doublement de ces prix;

4° Que l'association ne sauroit comprendre comment il seroit compatible avec la bonne foi que les prix de la production et du travail, c'est-à-dire les revenus du propriétaire foncier et du cultivateur, fussent réduits au taux antérieur à l'introduction du papier-monnoie forcé, tandis que les intérêts de la dette et le salaire des places et des sinécures, c'est-à-dire les revenus du créancier de l'état et des salariés du gouvernement, seroient exempts de cette réduction.

Si l'on traduit ces résolutions en style vulgaire, on trouvera qu'elles signifient que le rétablissement des paiements en numéraire faisant baisser le prix des denrées, et par conséquent le revenu de ceux qui les produisent et les vendent, il faut, en bonne justice, faire baisser, suivant une égale proportion, l'intérêt des fonds publics et les salaires des fonctionnaires.

Quant à la réduction des salaires, c'est une mesure évidemment juste. Personne n'étant forcé d'accepter des fonctions salariées, nul n'a droit de se plaindre de la modicité de leur rétribution, puisque chacun est libre de les refuser.

Mais la réduction de la dette ou des intérêts de cette dette est une question d'un tout autre genre. Ce n'est point à démontrer l'iniquité d'une telle violation de la foi jurée que je m'arrêterai; je n'insisterai pas même sur ce qu'elle auroit d'impolitique. Tout homme qui n'est pas étranger aux premières notions du crédit public sait qu'il y a des atteintes dont il ne sauroit se relever; ou du moins il ne s'en relève que lorsqu'un bouleversement complet ayant frappé de mort le gouvernement coupable de ces atteintes, un gouvernement nouveau se présente et semble offrir plus de garanties. Ainsi, après la chute du directoire, qui avoit fait banqueroute en 1797, le crédit de la France a pu renaître sous Bonaparte, qui avoit renversé le directoire, parcequ'il n'étoit pas responsable des infidélités directoriales, et qu'on pouvoit lui attribuer l'intention de réparer les fautes d'un gouvernement dont il étoit à-la-fois l'héritier et le vainqueur. Mais le gouvernement anglois, manquant à ses engagements, ne regagneroit jamais la confiance. Il faudroit d'autres hommes, d'autres choses, d'autres institutions, d'autres formes; il faudroit, en un mot, une révolution. Si cette révolution ne s'opéroit pas, que seroit en Europe le gouvernement anglois privé de crédit? Sa population ne lui permet point d'intervenir par lui-même dans les querelles continentales : il n'y figure que par ses alliés. Or il n'a d'alliés que ceux qu'il soudoie; il ne les soudoie que par des emprunts. La source des emprunts tarie, que deviendroit-il? L'Angleterre n'occuperoit pas alors une place plus importante que la Sardaigne dans la politique européenne.

Je ne dis rien du bouleversement intérieur qu'entraîneroit la réduction de la dette. Un mot échappé aux auteurs des résolutions que je viens de transcrire l'indique suffisamment. Les dettes et obligations particulières, disent-ils, ont, aussi bien que la dette nationale, été contractées d'après le doublement du prix des denrées et du travail. Ils n'ajoutent point, il est vrai, que les dettes particulières devroient être réduites comme la dette publique; mais la conséquence découle de leurs principes. L'injustice a sa logique, aussi péremptoire que la logique de la loyauté; et ceux qui veulent aujourd'hui dépouiller les créanciers de l'état pour diminuer les taxes qui servent à les payer, appliqueront d'autant plus volontiers la régle qu'ils invoquent à leurs propres créanciers, qu'ils seront fondés dans l'application.

Sans doute, entre les résolutions de quelques associations de province et les déterminations du parlement, dominé par des ministres qui connoissent assez bien leur position, l'intervalle est considérable : toutefois remarquez le progrès des idées depuis quatre ans.

En 1817, une pétition reposant sur la doctrine adoptée maintenant par l'association agricole de Worcester, fut signée en plein air par quatre mille individus de classes très inférieures: personne n'y fit la moindre attention. En 1818, une autre pétition dans le même sens fut adressée à la chambre des communes: on en écarta la lecture, en disant qu'elle étoit beaucoup trop longue. En 1819, un ministre traita toute demande de réduction de la dette de projet coupable et de crime de haute trahison. En 1820, on mit en accusation des réformateurs, pour avoir dit que les créanciers de l'état étoient des créatures rapaces (*rapacious creatures*): voilà pour la résistance. Voici pour les progrès: dans la dernière session, M. Littleton, grand propriétaire, a dit que ces mêmes créanciers de l'état étoient des monstres dévorants (*monsters of consumption*); et pour cette expression, plus forte que celle de créatures rapaces, il n'a pas même été rappelé à l'ordre. Enfin, en 1821, voilà que le même langage est tenu, non par des réformateurs ou par un homme isolé imbu de leurs doctrines, mais par des possesseurs de vastes propriétés territoriales, par des hommes en grand nombre et faisant partie des classes les plus élevées.

Que si maintenant on me demande ce qu'il y auroit à faire pour ne pas se briser contre l'écueil vers lequel on est poussé par une force presque irrésistible, je répondrai que j'aperçois les causes, que je prévois les effets, mais que, lorsque les remèdes sont de nature à blesser tous les intérêts actifs, et à rencontrer des obstacles dans toutes les forces organisées, il y auroit une présomption inexcusable à les indiquer. Je dirai cependant que l'Angleterre étant ébranlée jusque dans ses bases, changer ses bases par de violentes et subites innovations seroit hasardeux.

Qu'elle emploie les débris de ses ressources artificielles, pendant qu'elles lui restent encore, à gagner du temps, et qu'elle se crée, durant ce temps, des ressources moins factices: qu'elle soulage le pauvre en abolissant ses lois prohibitives; l'industrie libre lui vaudra mieux que des taxes qui perpétuent sa misère, en la secourant au jour le jour: qu'elle permette à l'aisance de naître d'elle-même, en n'interdisant plus la division des propriétés: qu'elle renonce à sa concentration aristocratique des richesses comme du pouvoir. Peut-être de la sorte, avant le terme inévitable de sa vie artificielle, parviendra-t-elle à se procurer les germes d'une vie politique plus en harmonie avec la tendance impérieuse et invincible des sociétés européennes. Je dis peut-être; car je ne sais s'il n'est pas trop tard.

www.ingramcontent.com/pod-product-compliance
Ingram Content Group UK Ltd.
Pitfield, Milton Keynes, MK11 3LW, UK
UKHW021546260726
13993UKWH00002B/660

9 782329 441962